AF462203

TITRES

Interne des hôpitaux, 1890.

Lauréat de l'Académie de médecine (prix Laval, 1890).

Aide d'anatomie, 1891.

Prosecteur à la Faculté, 1892.

Docteur en médecine, 1894.

Lauréat de la Société de chirurgie (prix Duval, 1895).

Chef de clinique chirurgicale, 1897-1898.

Vice-président de la Société anatomique, 1898.

Chirurgien des hôpitaux, 1898.

TRAVAUX SCIENTIFIQUES

I. — ANATOMIE ET PHYSIOLOGIE

1° — Recherches sur la paroi pelvienne postérieure t le plancher pelvien.

In *Des opérations qui se pratiquent par la voie sacrée.* Thèse Paris, 25 janvier 1894.

Il y a dans mon mémoire une partie anatomique très étendue, dont je résumerai seulement quelques passages :

Les vestiges des muscles moteurs de la queue. — Il existe au-devant de l'articulation sacro-coccygienne un certain nombre de trousseaux fibreux habituellement décrits comme des ligaments de cette articulation. Or, ces fibres ne font pas partie du type des articulations intervertébrales. L'étude des anomalies, l'anatomie comparée et l'anatomie du développement doivent faire considérer ces ligaments comme des muscles atrophiés et dégénérés.

L'hiatus sacro-coccygien. — L'hiatus sacro-coccygien est fermé par une lame fibreuse épaisse et résistante, habituellement désignée sous le nom de ligament *sacro-coccygien postérieur*.

Cette lame est fort complexe.

Sa couche superficielle est formée de fibres provenant des faisceaux inférieurs du muscle grand fessier, s'entre-croisant par petits faisceaux sur la ligne médiane.

D'autres fibres forment un plan vertical sous-jacent au premier.

Il prend naissance sur les deux lèvres de l'hiatus sacré, sur le bord interne des petites cornes du sacrum, adhère au bord interne du ligament qui réunit l'une à l'autre la petite corne du sacrum à celle du coccyx, et vient adhérer à la face postérieure de la deuxième et de la troisième pièce du coccyx et aux bords latéraux de cet os.

Entre les deux plans et sur les côtés, on trouve quelques trousseaux fibreux obliques ou verticaux, variables dans leur forme et leurs insertions qui représentent les muscles extenseurs de la queue.

Au voisinage des cornes et des tubercules neuraux, on sépare assez facilement la couche dépendante du grand fessier du plan fibreux sous-jacent; un tissu cellulaire moins dense est interposé entre les deux organes qui s'écartent même l'un de l'autre.

Le ligament s'attache aux tubercules et aux cornes, à leur bord interne. La lame aponévrotique qui prolonge le grand fessier glisse sur le sommet de ces tubercules à l'aide d'un tissu cellulaire lâche, et très souvent à l'aide de *bourses séreuses.*

La face antérieure du ligament sacro-coccygien forme la limite postérieure du canal rachidien dans sa portion sacro-coccygienne.

Elle n'est pas en rapport avec l'arachnoïde, comme le dit Sappey. L'arachnoïde n'existe plus à ce niveau. Elle entre en contact avec une graisse molle où sont plongés les nerfs cinquième et sixième sacrés.

Muscle grand fessier. — Très souvent, les insertions du grand fessier figurent, au niveau des dernières pièces du coccyx, une série de petites arcades fibreuses, dont les deux piliers sont implantés sur le coccyx.

Plus haut, elles s'entre-croisent avec celles du côté opposé, pour se continuer finalement avec des fibres du grand dorsal de l'autre côté.

Les fibres qui s'entre-croisent immédiatement au-dessus de la proéminente sacrée ne vont pas se continuer avec le grand dorsal. Elles forment une bandelette qui peut être suivie de la proéminente sacrée jusqu'à la crête iliaque, du côté opposé à celui d'où proviennent les fibres en regard de l'insertion du ligament ilio-lombaire.

Sacrée moyenne. — La sacrée moyenne s'étend jusqu'au-dessous de la pointe du coccyx ; son trajet est donc plus étendu qu'on ne le dit généralement. Dans sa portion coccygienne, elle émet des collatérales, analogues à celles qui s'en détachent dans la région sacrée. L'anatomie comparée explique les rapports particuliers de cette artère avec les débris des muscles moteurs de la queue.

Les ligaments sacro-sciatiques. — Un grand nombre des lamelles tendineuses qui font suite aux faisceaux du grand fessier pénètrent dans la trame du ligament et se continuent surtout avec le feuillet superficiel.

Dans sa partie postéro-inférieure, celle qui s'attache sur la dernière pièce du sacrum et les bords du coccyx, le ligament paraît même exclusivement formé par ces trousseaux fibreux provenant du grand fessier. A ce niveau, il peut être considéré comme une aponévrose de terminaison des fibres profondes du grand fessier.

Il se continue, jusqu'au bord inférieur du grand fessier, s'amincissant de plus en plus, se continuant avec l'aponévrose d'enveloppe de ce muscle.

A le bien regarder, le ligament sacro-sciatique, si tant est qu'on veuille considérer cette portion coccygienne comme un ligament véritable, se prolongerait même jusqu'au-dessous du coccyx, car le grand fessier envoie presque toujours des fibres s'insérer sur le raphé fibreux coccy-anal et ces insertions, qui se font à l'aide de tractus tendineux, continuent la série de celles que prend ce muscle au bord du coccyx.

Le ligament sacro-sciatique ne forme donc pas un tout homogène.

Les fibres du temi-tendineux et du biceps en constituent une bonne part, le grand fessier une part plus grande.

Enfin un certain nombre de fibres s'attachent au squelette par leurs deux extrémités, allant de la tubérosité au sacrum.

Le petit ligament sacro-sciatique n'est qu'une portion du muscle ischio-coccygien, en voie de régression et de disparition.

Les nerfs de l'appareil constricteur de l'anus. — Un *nerf sphinctérien accessoire* se détache de la quatrième sacrée immédiatement après sa sortie du trou sacré; il est très grêle, filiforme, il se dirige en bas et en dedans, appliqué contre la face antérieure de la dernière pièce du sacrum, puis contre l'articulation sacro-coccygienne, puis sur les bords du coccyx. Dans ce trajet, il perfore le releveur. Il est accompagné quelquefois par une petite artériole et une veinule (1). Au niveau de la pointe du coccyx, ce petit paquet vasculo-nerveux s'applique à l'attache postérieure du sphincter sur sa face profonde. Le nerf s'épuise bien vite entre les faisceaux de ce muscle. Il donne au cours de son trajet un ou deux petits filets aux rudiments des muscles fléchisseurs de la queue. Il est absolument distinct d'une autre branche de la quatrième paire qu'on appelle le rameau coccygien cutané.

La troisième paire sacrée fournit une branche destinée à la muqueuse rectale, une grande partie des filets nerveux du sphincter et du releveur de l'anus et la presque totalité de celles du nerf honteux. La quatrième, des filets sphinctériens, honteux, rectaux, ischio-coccygiens. Il est important d'insister sur l'origine, le trajet, la distribution de ces nerfs. La quatrième est toujours sectionnée dans les opérations par la voie sacrée. La troisième l'est plus souvent qu'on ne le croit.

On recommande généralement de couper le sacrum immédiatement au-dessous du troisième trou sacré. Dans les manœuvres que nécessite cette résection, il faut de grandes précautions pour ne pas trancher le nerf qui s'échappe du troisième trou sacré. Oblique en bas et en avant, ce nerf est quelque temps dans le voisinage du sacrum, assez près pour être facilement lésé.

L'appareil suspenseur du pli interfessier. — *L'appareil suspenseur du pli interfessier* est formé de deux lames juxtaposées, l'une droite, l'autre gauche. Elles commencent au niveau de la dernière vertèbre sacrée ou de la base du coccyx, et se terminent dans le voisinage de sa pointe. Les deux lames se fusionnent à leurs extrémités antérieure et postérieure.

(1) Les recherches de MM. Hartmann et Caboche sont venues ultérieurement confirmer ma description du nerf sphinctérien accessoire.

Elles sont formées par des séries de trousseaux fibreux juxtaposés, qui se ramifient en se dirigeant vers la peau, et s'entrecroisent pour former un feutrage inextricable au moment où ils pénètrent dans le derme.

Le creux ischio-rectal. — La paroi du creux ischio-rectal est constituée à la partie antérieure de la région par l'ischion revêtu du muscle obturateur interne, en arrière, par le grand ligament sacro-sciatique doublé du grand fessier. Cette portion est plus étendue que celle qui répond à l'ischion.

La région qui nous occupe regarde presque directement en arrière, et non en bas.

Chez l'adulte, le coccyx est souvent dévié à droite ou à gauche. Cette déviation, généralement insignifiante, peut être très prononcée et entraîner alors un notable déplacement de l'extrémité postérieure du sphincter et des releveurs de l'anus. Il en résulte que les deux excavations pelvi-rectales ne sont plus semblables· que la largeur de l'une est augmentée aux dépens de l'autre et que celle qui correspond au côté dévié est plus étroite.

D'une façon générale, l'excavation est moins profonde et plus large quand les ischions sont très écartés l'un de l'autre.

Chez les femmes, la fosse ischio-rectale est toujours moins profonde et plus large que chez l'homme, et regarde aussi plus directement en arrière.

La dépression profonde qui constitue le creux ischio-rectal peut être comparée à un gousset, à une poche ouverte en bas et en dedans.

La partie antérieure répond à l'ischion dans la portion voisine de la petite échancrure sciatique.

Dans sa partie antérieure, la paroi externe regarde presque directement en dedans; dans sa partie postérieure, l'orientation change, elle regarde en avant. A ce niveau, le ligament, ai-je dit, est inséparable du grand fessier.

Le muscle et le ligament forment donc en grande partie la paroi postéro-externe du creux ischio-rectal. En les suivant d'arrière en avant, il arrive un moment où il n'y a pour ainsi dire plus de fibres qui soient susceptibles d'être rapportées au ligament et où l'on n'observe plus que des faisceaux musculaires. Le muscle grand fessier constitue alors à lui seul la paroi du creux ischio-rectal. Le bord du fessier est beaucoup plus rapproché de la ligne médiane qu'on ne le croit d'ordinaire. Il déborde en dedans la tubérosité de l'ischion et la portion attenante du grand ligament sacro-sciatique, décrivant une ligne courbe à concavité interne. Les deux grands fessiers forment ainsi une sorte d'ogive dont le sommet se trouve un peu en avant du coccyx, car quelques fibres de ce muscle s'insèrent sur le raphé médian coccy-anal.

L'espace ménagé entre ce bord du grand fessier d'une part, le sphincter externe de l'autre (ce muscle allant jusqu'au coccyx) constitue l'ouverture de la poche ischio-rectale.

L'aponévrose du grand fessier se recourbe au niveau du bord inférieur de ce muscle pour passer sous sa face profonde et se continuer avec l'aponévrose sous-fessière, mais dans sa partie postérieure elle vient se continuer avec le grand ligament sacro-sciatique. De cette aponévrose au niveau du bord du grand fessier, se détache une lame cellulo-aponévrotique qui se porte en dedans, passe sur la face superficielle du muscle sphincter et vient s'attacher au raphé coccy-anal et à la face profonde de la peau de la marge de l'anus et de la rainure interfessière.

Dans l'intervalle qui s'étend de l'anus au coccyx, les excavations droite et gauche arrivent au contact; plus en avant, elles sont séparées par l'anus. A la partie postérieure, elles s'écartent de nouveau, le coccyx s'interposant entre elles.

Le sommet du creux ischio-rectal (c'est-à-dire son extrémité postérieure) remonte jusqu'à l'articulation médio-coccygienne. Quand, sur le sujet garni de ses parties molles et sur le vivant, on pratique la palpation des régions qui avoisinent le coccyx, on sent de chaque côté une zone extrêmement résistante, tendue comme une corde, qui représente la portion la plus épaisse du grand sacro-sciatique, en dedans, entre lui et le coccyx, une zone dépressible qui répond à cette partie élevée du creux ischio-rectal.

Le muscle transverse superficiel du périnée s'insère en dehors à l'ischion et à l'aponévrose de l'*obturateur interne*. près de la tubérosité. On voit se prolonger sur cette aponévrose, faisant relief dans le *creux ischio-rectal*, la partie la plus reculée de ce muscle et celle du muscle ischio-caverneux. Ces insertions sont accolées et souvent même fusionnées. Au même niveau que ces deux muscles s'attache un gros trousseau fibreux excessivement fort qui se dirige en bas vers la peau, et se divise en trousseaux secondaires qui se fixent à la face profonde du derme au niveau du pli fessier et du pli périnéo-cural.

Juste au-dessous de l'épine sciatique, le nerf honteux *croise l'artère et la veine*, en passant à leur *côté externe*. Il sera désormais situé au-dessous, plus près de la peau ; de haut en bas, on rencontrera l'artère, la veine, le nerf.

L'hémorrhoïdale inférieure, issue de la honteuse, en traversant le feuillet aponévrotique qui la recouvre, se charge d'une gaine celluleuse qui l'accompagne jusqu'au moment où elle atteint la région de l'anus, gaine dans laquelle sont également logés le nerf anal et la veine hémorrhoïdale inférieure.

Il y a d'assez grandes variétés individuelles dans la grandeur et l'inclinaison du sacrum, dans la courbure et dans l'angle qu'il fait avec le coccyx, pour que la destruction d'une même étendue de sacrum ne donne pas chez deux individus de même taille, de même âge et de même sexe, les mêmes facilités opératoires.

La deuxième apophyse épineuse, toujours facile à reconnaître à la palpation, et généralement un peu plus saillante que les autres, mérite le nom de *proéminente sacrée*.

Les tubercules qui bordent l'hiatus sacro-coccygien doivent porter le nom de *tubercules neuraux*. Ils représentent tout ce qui reste des pièces *neurales* de la vertèbre.

Le canal rachidien se prolonge jusqu'au voisinage de l'articulation de la première avec la seconde pièce du coccyx. Il est donc parfaitement impossible de désarticuler le coccyx sans ouvrir le canal sacré.

Le cul-de-sac des méninges est situé beaucoup trop haut pour être jamais atteint dans les résections du sacrum.

Sur la face externe du pyramidal, longeant le sacrum, est une arcade anastomotique entre la fessière et l'ischiatique, souvent blessée dans les incisions parasacrées.

D'autre part, dans les canaux fibreux que présente le grand ligament sacro-sciatique cheminent d'importants vaisseaux qui peuvent donner lieu à des hémorrhagies très embarrassantes au cours d'opérations par la voie sacrée.

2° — Recherches expérimentales sur l'appareil constricteur de l'anus (*Ibid.*).

Il y a deux foyers de constriction dans le canal anal, l'un à

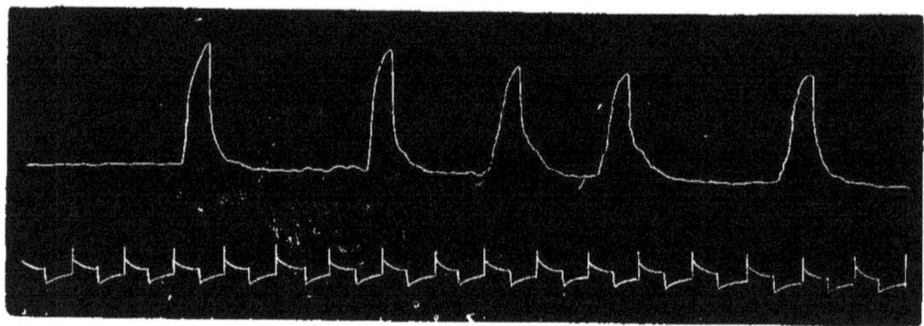

— Fig. 1. *Expérience A* : L'appareil constricteur est intact.

l'anus qui répond au sphincter externe, l'autre plus profondément situé qui répond au releveur de l'anus.

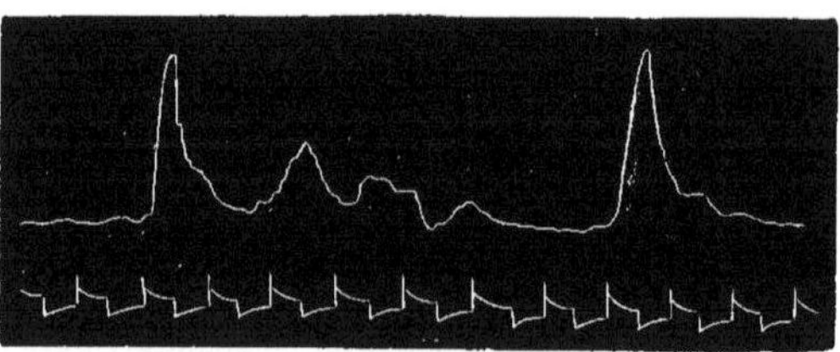

Fig. 2. — L'appareil constricteur est toujours intact; on voit après la première grande ascension une autre ascension de moitié moins haute qui représente une contraction du seul sphincter externe.

Le releveur agit sur le rectum par les fibres antérieures de sa portion ano-coccygienne.

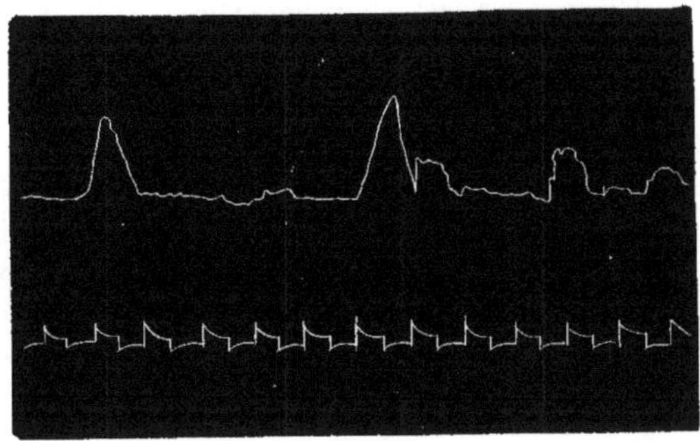

Fig. 3. — Une des moitiés du sphincter externe a été extirpée.

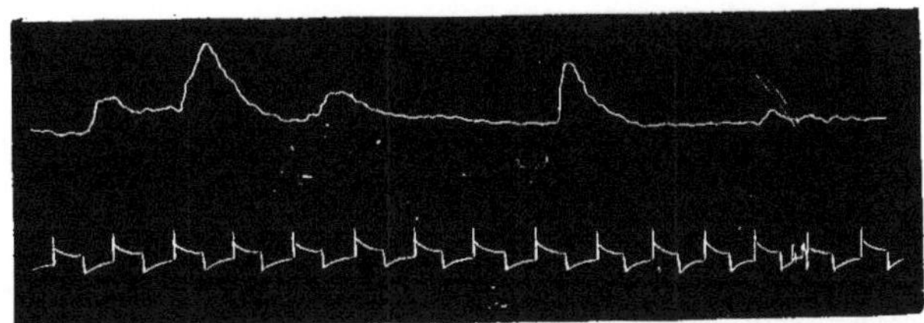

Fig. 4. — Le sphincter a été enlevé dans sa totalité.

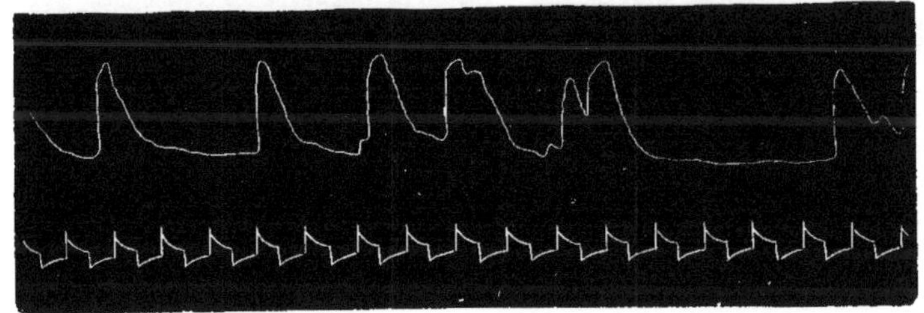

Fig. 5. — Le chien est encore intact. On enregistre les contractions synergiques du releveur de l'anus et du sphincter externe.

Ce qu'on appelle en clinique le bord supérieur du sphincter

interne n'est autre que la limite supérieure de la portion du releveur qui enserre le rectum.

Le constricteur superficiel (sphincter externe) et le constricteur

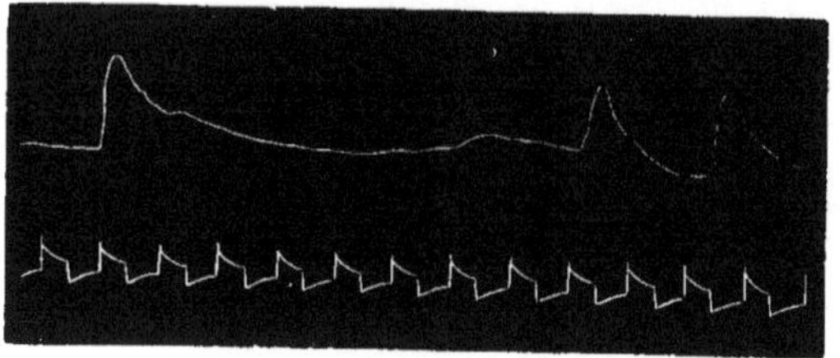

Fig. 6. — Un des releveurs a été sectionné.

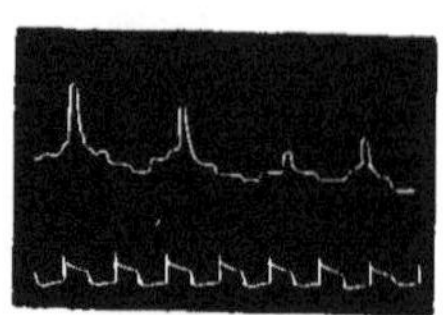

Fig. 7. — Les deux releveurs ont été sectionnés, le sphincter externe demeurant intact.

profond (releveur) sont à peu près d'égale puissance et, s'il y a une différence, elle est à l'avantage du constricteur profond.

L'énervation d'une moitié du sphincter externe ne donne pas les

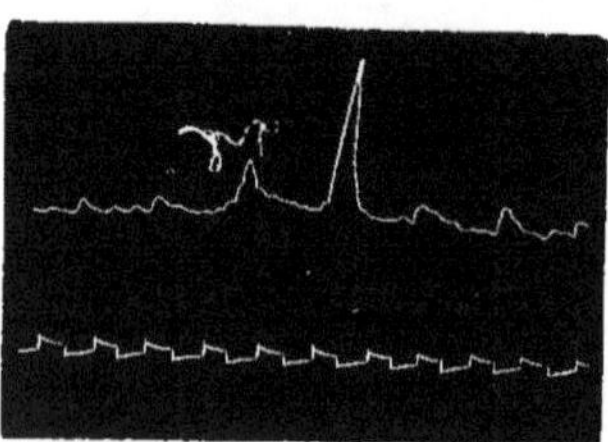

Fig. 8. — Sphincter intact.

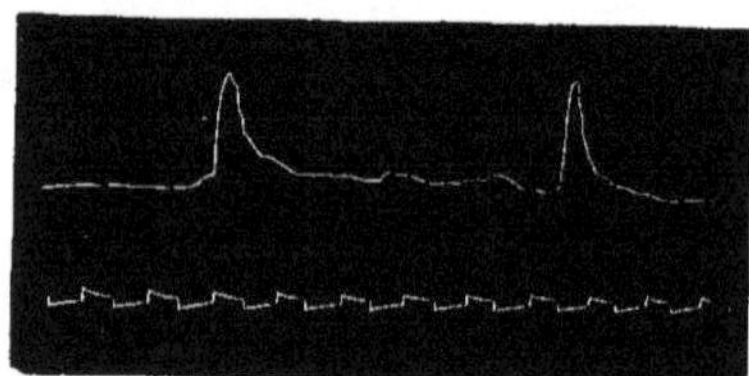

Fig. 9. — Sphincter détaché de ses insertions postérieures.

mêmes résultats que l'extirpation ou la section d'une de ses moitiés, elle entraîne des troubles fonctionnels bien moindres.

L'extirpation d'un constricteur d'un côté équivaut à peu près, au point de vue fonctionnel, à celle des deux côtés.

La désinsertion de l'attache postérieure du sphincter ne modifie pas ou modifie à peine la tonicité sphinctérienne et les fonctions de l'anus.

3° — Notes sur les variations musculaires.

1. **Anomalie de l'extenseur commun des orteils.** — *Bulletins de la Société anatomique*, novembre 1894.

2. **Anomalie de l'accessoire du long fléchisseur commun des orteils.** — *Bulletins de la Société anatomique*, janvier 1895.

3. **Muscle accessoire du long fléchisseur commun des orteils.** — *Bulletins de la Société anatomique*, janvier 1896.

4. **Muscle ilio-rotulien surnuméraire.** — *Bulletins de la Société anatomique*, janvier 1895.

5. **Anomalie de l'angulaire de l'omoplate.** — *Bulletins de la Société anatomique*, janvier 1895.

6. **Extenseur commun représenté par quatre muscles distincts. Muscle extenseur propre ou court extenseur de l'annulaire. Faisceau surnuméraire du long abducteur du pouce.** — *Bulletins de la Société anatomique*, janvier 1896.

7. **Anomalies du brachial antérieur.** — *Bull. Soc. anat.*, 1895 et mars 1896.

8. **Muscle long accessoire du long fléchisseur des orteils.** — *Bulletins de la Société anatomique*, février 1896.

9. **Extenseur propre de l'annulaire.** — *Bulletins de la Société anatomique*, février 1896.

10. **Anomalie du grand pectoral.** — *Bulletins de la Société anatomique*, février 1896.

11. **Muscle radio-cubito-carpien.** — *Bulletins de la Société anatomique*, février 1896.

12. **Adducteur du petit doigt présentant un chef antibrachial.** — *Bulletins de la Société anatomique*, février 1896.

La présence de ce muscle aurait pu singulièrement embarrasser et induire en erreur le chirurgien pratiquant la ligature de la cubitale à la partie inférieure de l'avant-bras.

L'artère suit un trajet beaucoup plus rapproché de la ligne

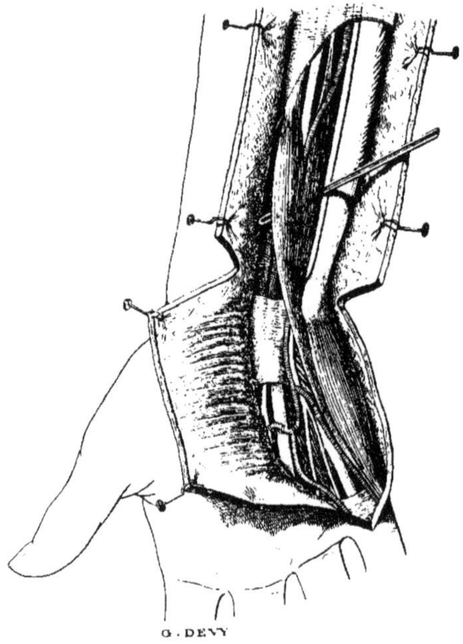

médiane qu'à l'ordinaire. En outre, elle est séparée de la peau par une plus grande épaisseur de parties molles, et voilée par une couche musculaire dans tout le tiers inférieur de l'avant-bras. Le nerf cubital poursuit son trajet habituel. Il est situé en dedans du muscle que nous venons d'étudier ; la partie postérieure de ce muscle est interposée entre l'artère et le nerf.

On conçoit que de pareilles dispositions puissent rendre difficile la recherche de l'artère cubitale à la partie inférieure de l'avant-bras.

13. **Insertion antibrachiale du muscle abducteur du petit doigt.** — *Bulletins de la Société anatomique*, 1895-1896.

Quand il est rudimentaire, ou peu développé, ce chef anti-

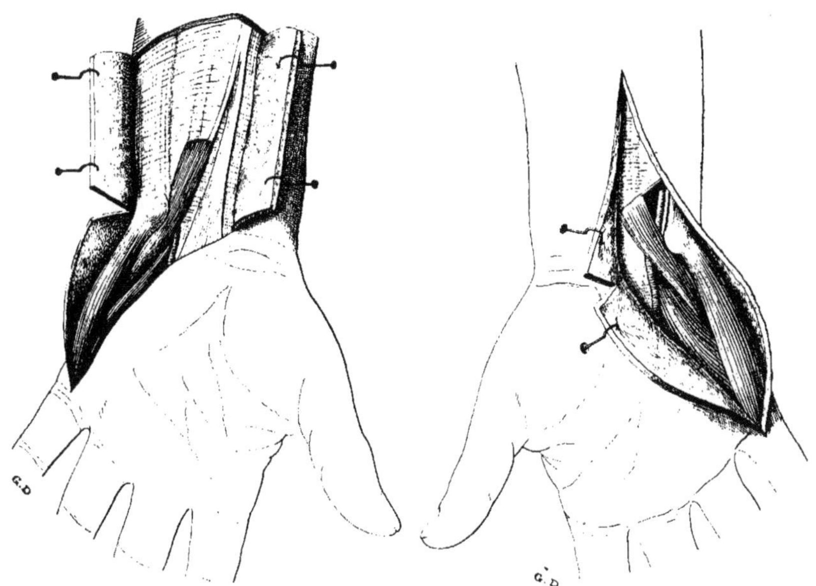

brachial, toujours intéressant pour l'anatomiste, ne l'est guère pour le chirurgien. Mais quand il atteint de grandes proportions, il peut être gênant, quand il s'agit de découvrir l'artère cubitale.

14. **Anomalies du muscle digastrique.** — *Bulletins de la Société anatomique*, octobre 1894.

15. **Les muscles digastriques.** — *Bulletins de la Société anatomique*, 1894.

La description actuellement classique ne répond pas par certains détails à la majorité des cas.

La *poulie* du digastrique manque généralement, et, quand elle existe, rarement elle joue un rôle bien important.

Les deux ventres et le tendon intermédiaire ne décrivent pas une courbe régulière à concavité supérieure, comme généralement on le dit et le figure. Le tendon continue la direction du ventre postérieur. Il est rectiligne. Le muscle change brusquement de direction au moment où ce tendon se continue avec le ventre antérieur.

Le tendon intermédiaire se termine en avant par trois ordres de fibres : les unes donnent naissance aux faisceaux charnus du ventre antérieur ; d'autres s'attachent au bord supérieur de l'hyoïde, et les dernières se portent vers la ligne médiane pour se joindre à celles du côté opposé. Parmi ces fibres transversales, il en est un certain nombre qui forment une arcade transversale à convexité antérieure. Cette arcade est presque constante. Elle est souvent en partie musculaire. Elle est constante et très forte chez beaucoup de singes. Chez ces derniers animaux, les digastriques ne forment pas attache à l'hyoïde et ne présentent jamais de poulie de réflexion.

4° — Anomalies diverses

1. **Anomalie des artères et veines rénales. Anomalie de la thyroïdienne inférieure chez le même sujet.** — *Bulletins la Société anatomique*, juillet 1894.

2. **Anomalie de l'artère linguale.** — *Bulletins de la Société anatomique*, octobre 1894.

3. **Artère mammaire interne latérale.** — *Bulletins de la Société anatomique*, octobre 1894.

4. **Artère mammaire interne latérale.** — *Bulletins de la Société anatomique*, novembre 1894.

5. **Acromion formant un os isolé réuni au reste de l'épine par une véritable articulation.** — *Bulletins de la Société anatomique*, octobre 1894.

6. **Os acromial.** — *Bulletins de la Société anatomique*, janvier 1895.

7. **Os trigone**. — *Bulletins de la Société anatomique*, 1894.

8. **Os trigone**. — *Bulletins de la Société anatomique*, 1895.

9. **Côtes surnuméraires cervicales et lombaires**. — *Bulletins de la Société anatomique*, avril 1899.

10. **Duplicité bilatérale complète des uretères**. — *Bulletins de la Société anatomique*, octobre 1894.

11. **Ectopie du poumon**. — *Bulletins de la Société anatomique*, décembre 1894.

Le poumon droit est couché en travers, au-devant de la colonne

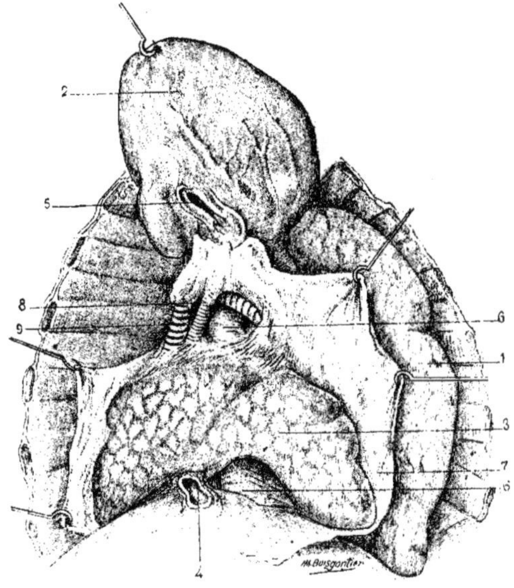

1, poumon gauche ; 2, 2, poumon droit ; 3 et 4, sac pleural enveloppant le poumon droit.

vertébrale et du poumon gauche. Il est séparé de la colonne vertébrale par l'œsophage et l'aorte. La plus grande partie du poumon *droit* occupe la moitié *gauche* du thorax et se trouve placée au-dessous et en avant du poumon gauche.

12. **Configuration anormale du foie.** — *Bulletins de la Société anatomique*, mars 1896.

13. **Diverticule de Meckel. Anomalies du gros intestin.** — *Soc. anat.*, 1896.

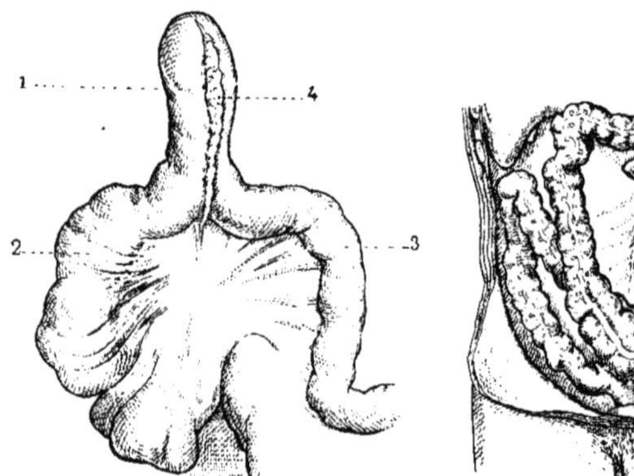

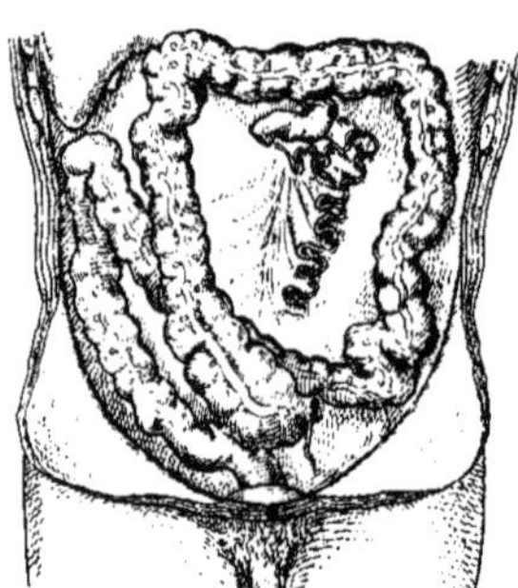

Diverticule de Meckel. Anomalie du gros intestin.

5° — Notes sur l'anatomie du pied.

1. **Note sur un scaphoïde s'articulant par de larges facettes avec le cuboïde et le calcanéum.** — *Bulletins de la Société anatomique*, 1894.

2. **Note sur une facette de l'os astragale.** — *Bulletins de la Société anatomique*, 1894.

Il existe fréquemment sur le corps de l'astragale, à la partie la plus externe du sinus du tarse, une facette encroûtée de cartilage, se continuant en arrière et en bas avec la surface articulaire astragalienne postérieure.

Dans les figures 1, 2, 3, l'astragale a été scié en travers au niveau du sinus du tarse, et l'on a dessiné le segment postérieur de la coupe.

La présence de cette facette tient aux mouvements qu'exécutent

le calcanéum et l'astragale. Dans la flexion du pied et la rotation en dehors, il y a contact entre la grande apophyse du calcanéum et cette partie de l'astragale. Du côté du calcanéum, il y a des

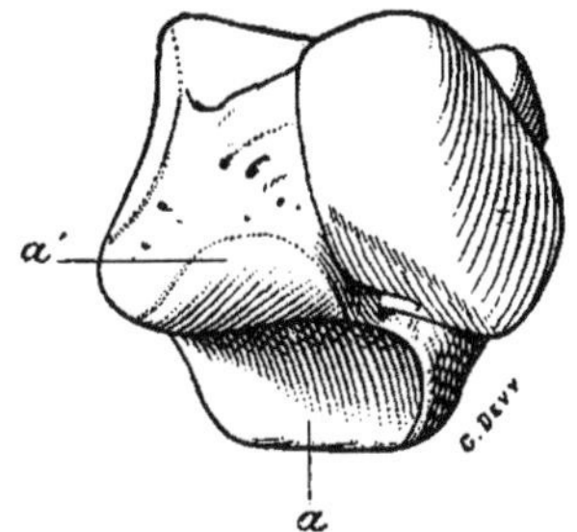

a. Surface articulaire de la face inférieure du corps de l'astragale. — *a'*. Facette due au contact de l'astragale avec la grande apophyse du calcanéum.

tissus fibreux qui adoucissent le contact et empêchent le développement, à ce niveau, d'une facette encroûtée de cartilage. Des variations de forme de la grande apophyse expliquent que cette facette puisse manquer, et, quand elle existe, revêtir des aspects différents.

3. **Note pour servir à l'étude de l'anatomie du calcanéum.**
Bulletins de la Société anatomique, 1894.

1° La petite apophyse du calcanéum présente sous sa face infé-

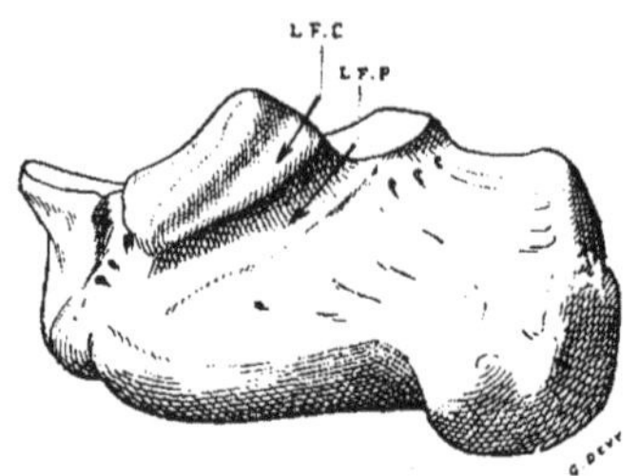

FIG. 1. — L.F.P. Gouttière du long fléchisseur propre. — L.F.C. Gouttière du long fléchisseur commun.

rieure une large gouttière antéro-postérieure, empreinte laissée

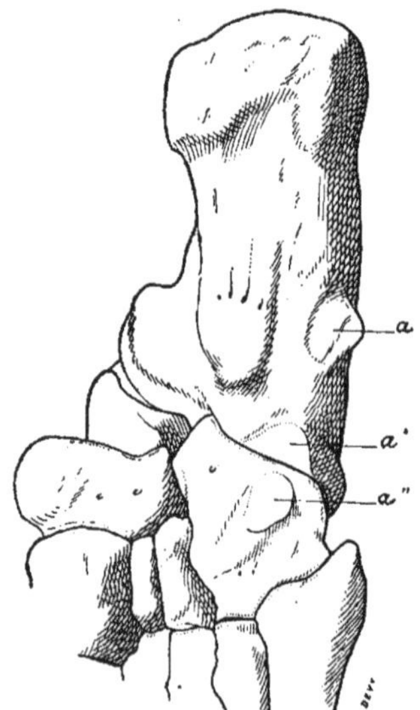

FIG. 2.— *a*. Apophyse trochléaire. — *a'*. Surface de frottement à la partie antérieure de la grande apophyse. — *a"*. Surface de frottement sur le cuboïde.

sur cette portion de l'os par le tendon long fléchisseur propre du gros orteil. Cette gouttière bien connue et partout décrite n'occupe pas toute la face inférieure de la petite apophyse.

En dedans de son bord interne, on observe presque toujours sur l'os frais une deuxième gouttière (*L. F. C.*, fig. 1), séparée de la précédente, tantôt par une crête, tantôt par une petite surface

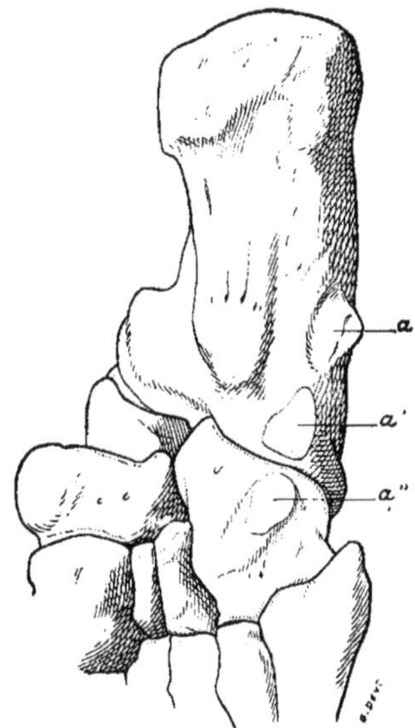

Fig. 3. — *a*. Apophyse trochléaire. — *a'*. Surface de frottement à la partie antérieure de la grande apophyse (cette surface est ici séparée de l'articulation calcanéo-cuboïdienne). — *a''*. Surface de frottement cuboïdienne.

triangulaire, rugueuse, à base postérieure. C'est l'empreinte laissée par le passage du long fléchisseur commun des orteils.

2° Le tendon du long péronier latéral entre parfois en contact avec la partie externe et inférieure de la grande apophyse. Ce contact se traduit alors par la présence à ce niveau d'une surface de glissement, bien visible sur l'os frais.

Cette facette peut présenter deux types : dans l'un elle se continue avec la surface articulaire calcanéenne de la jointure calcanéo-cuboïdienne. Elle fait partie de l'articulation (fig. 2).

Dans un autre, elle en est parfaitement distincte (fig. 3).

Le tendon long péronier présente à la hauteur de cette facette, un nodule fibreux, aplati, comparable, à celui qui est situé dans son épaisseur au niveau de sa surface de frottement cuboïdienne

4. **Note sur l'architecture du calcanéum considérée au point de vue des fractures de cet os.** — *Bulletins de la Société anatomique*, 1894.

La raréfaction du tissu osseux dans *l'état sénile* du calcanéum se manifeste principalement dans la région intermédiaire aux deux grands systèmes de trabécules.

Les phénomènes de résorption et la production d'espaces lacunaires s'effectuent en outre à la partie externe, bien plus tôt et bien plus complètement que du côté de la face interne.

La résistance de l'os est à ce point diminuée, qu'il suffit sur la plupart des calcanéums de vieillards d'appuyer sur la face externe de l'os pour briser la coque osseuse, et enfoncer le doigt dans le calcanéum.

L'étude de quatre cas personnels de fracture du calcanéum m'avait montré que dans les écrasements du calcanéum la partie antéro-externe de la surface articulaire postérieure basculait et s'enfonçait. L'examen des coupes montre que ce point est un des moins soutenus et qu'un choc violent peut l'effondrer sans grande difficulté. Dans ces fractures on trouve constamment un fragment composant la petite apophyse, et une bande sous-jacente de tissu compact et généralement une petite partie de la surface articulaire postérieure. La présence de ce fragment d'aspect caractéristique est expliquée par la disposition du tissu compact à ce niveau.

Dans les arrachements de la petite apophyse, la séparation ne doit pas se produire au niveau de la base de cette apophyse, mais le fragment emporté doit comprendre aussi les régions qui entourent cette base.

5. **Le ligament interosseux de l'excavation calcanéo-astragalienne.** — *Bulletins de la Société anatomique*, 1894.

On décrit volontiers l'appareil ligamenteux qui occupe l'excavation calcanéo-astragalienne, comme composé de deux haies fibreuses situées, l'une immédiatement en arrière de l'articulation sous-astragalienne antérieure, l'autre immédiatement en avant de la postérieure. Distantes à leur partie externe de toute l'étendue

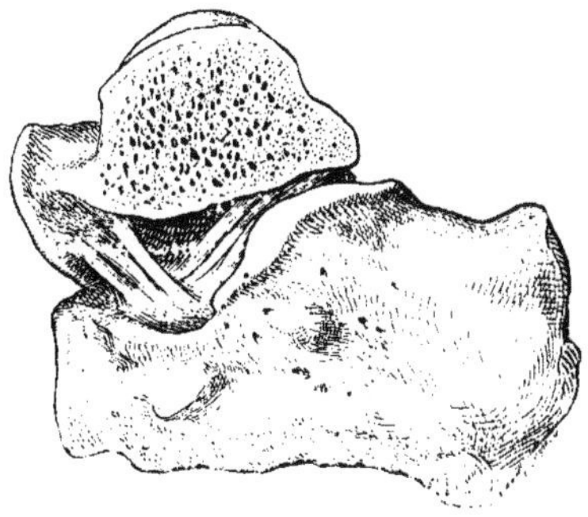

Les deux ligaments principaux de l'excavation calcanéo-astragalienne, l'un externe, l'autre profond ou interne.

qui sépare en dehors les deux articulations, elles seraient en dedans rapprochées et juxtaposées.

Or la dissection de ces deux haies fibreuses, la postérieure,

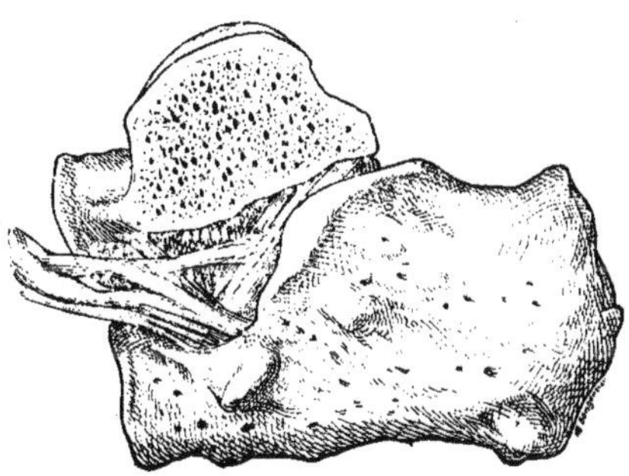

Pilier interne accessoire de la fronde, passant à travers le ligament profond.

généralement réduite à une bande étroite et mince, est presque négligeable au point de vue physiologique.

L'antérieure, rarement continue d'une extrémité à l'autre du canal astragalo-calcanéen, est ordinairement divisée en deux gros ligaments distincts, l'un externe, l'autre profondément caché dans le fond du tunnel. Ces ligaments n'ont ni la même direction ni les mêmes fonctions. Leur étude permet seule de comprendre le mécanisme de l'articulation sous-astragalienne.

Chez les singes ces deux ligaments se montrent avec une netteté schématique. Ils sont très gros, très forts, absolument isolés l'un de l'autre, et ce sont les seuls ligaments de l'articulation.

L'appareil fibreux qui bride les tendons extenseurs des orteils, s'insère par deux piliers sur la face dorsale de la grande apophyse du calcanéum, mais le pilier interne prend en outre insertion par une racine distincte et presque constante dans le fond de l'excavation calcanéo-astragalienne. Les fibres de ce *pilier interne accessoire* vont se fixer les unes au calcanéum en passant tantôt en avant, tantôt en arrière, tantôt à travers le gros ligament profond, d'autres se recourbent en haut pour s'attacher à la face inférieure de l'astragale.

6. **Le ligament cunéo-métatarsien transverse chez les singes et chez l'homme**. *Bulletin de la Société anatomique*, 1895.

Il existe chez les singes un ligament qui, transversalement placé sous le squelette du pied, relie le premier cunéiforme aux quatre derniers métatarsiens. Ce ligament cunéo-métatarsien, transverse, faible dans quelques espèces, est bien développé chez d'autres. Dans le pied humain, on retrouve ce ligament; mais variable et inconstant dans sa forme, ses insertions et son existence, il est incompréhensible pour qui ne l'a pas étudié d'abord sur le pied du singe. Il prend insertion sur la face externe du premier cunéiforme à la partie antérieure. Toutes ses fibres se portent en dehors vers les bases métatarsiennes.

7. **Osselet surnuméraire entre les bases du 1er et du 2e métatarsien**. — *Bulletins de la Société anatomique*, mars 1895.

8. **Bourse séreuse entre la face externe du ligament péronéo-calcanéen et les tendons péroniers**. — *Bulletins de la Société anatomique*, 1894.

9. **Note sur une bourse séreuse qui existe fréquemment entre le premier cunéiforme et le tendon extenseur propre du gros orteil.** — *Bulletins de la Société anatomique*, 1894.

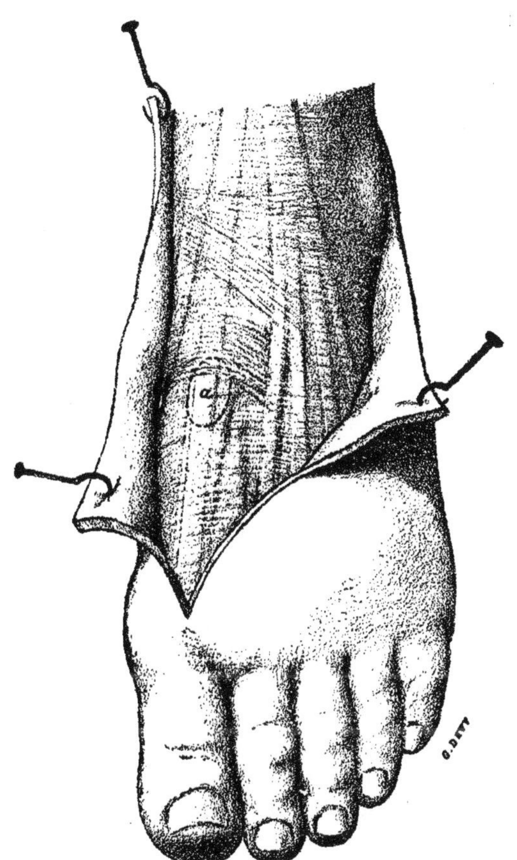

a. Bourse séreuse entre le tendon de l'extenseur du gros orteil et le premier cunéiforme.

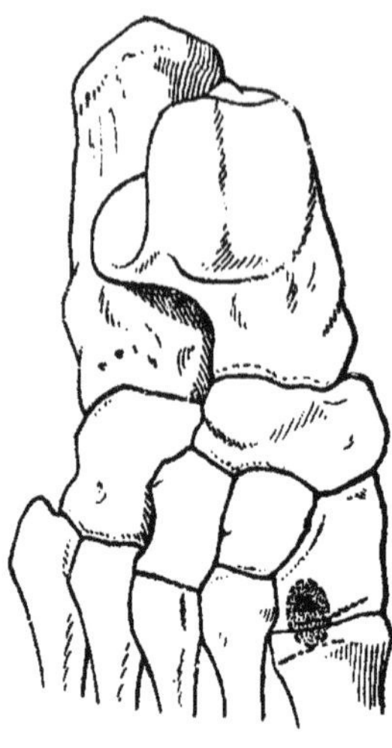

Schéma montrant l'exacte situation de cette bourse par rapport au squelette.

10. **Note sur les bourses séreuses de la plante du pied.**— *Bulletins de la Société anatomique*, 1895.

Les bourses sous-cutanées proprement dites sont rares à la plante à cause de la disposition du tissu cellulaire graisseux sous-cutané.

Des trois bourses de Lenoir, seule la sous-calcanéenne siège dans le tissu cellulaire sous-cutané.

Ces trois bourses ne sont d'ailleurs pas aussi constantes qu'on l'admet généralement. La plus fréquente est celle qui est située au niveau de l'articulation métatarso-phalangienne du petit orteil (une fois sur deux). Celle du talon se rencontre une fois sur quatre. La plus rare est celle du gros orteil (une fois sur huit).

La bourse sous-calcanéenne se développe au niveau de la tubérosité interne, immédiatement au-dessous du périoste et des tissus fibreux qui le doublent. Parmi les causes qui peuvent influer sur son développement, il y a lieu de faire intervenir en première ligne la conformation de la tubérosité interne du calcanéum.

La bourse du gros orteil et celle du petit orteil sont toujours séparées de la peau par une expansion fibreuse dépendant de l'aponévrose plantaire moyenne. La 1re siège sur le versant interne de la

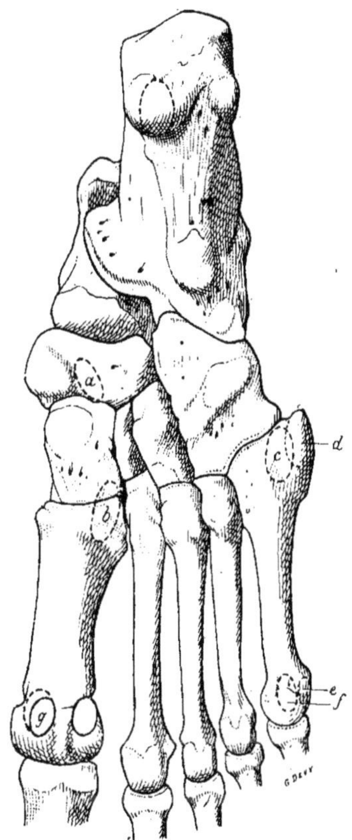

face plantaire du sésamoïde interne, empiétant un peu sur la gaine du tendon long fléchisseur propre du gros orteil.

Elles contractent d'intimes rapports avec les nerfs collatéraux plantaire interne du gros orteil et plantaire interne du petit.

Sur le bord interne du pied, du côté de la face plantaire, existe une bourse constante au niveau de l'articulation du premier cunéiforme avec le premier métatarsien, une autre fréquente au-dessous du scaphoïde. dans la gouttière où glisse le tendon plantaire du jambier postérieur.

Au niveau de la base du premier métatarsien (toujours du côté plantaire) on trouve parfois une bourse sous-cutanée, et très fréquemment une bourse entre la face inférieure du métatarsien et le tendon de l'adducteur du petit orteil.

A la partie antérieure du même os on trouve bien souvent une petite bourse entre le tendon de l'abducteur et le ligament latéral externe de l'articulation.

Il existe des bourses constantes entre les tendons des lombricaux et le ligament qui transversalement placé au-dessus de la tête des métatarsiens réunit solidement toutes les articulations métatarso-phalangiennes. Ces bourses communiquent en avant avec celles qui séparent les articulations métatarso-phalangiennes.

6° — Notes sur les nerfs de la main.

1. **Quelques anomalies du nerf cubital.** — *Bulletins de la Société anatomique*, 1896.

1. La branche dorsale et la branche palmaire du nerf cubital contractent l'une avec l'autre de fréquentes anastomoses, mais cette union des deux branches peut se faire de manières très différentes. Le plus souvent, un gros filet se détache de la branche dorsale à la hauteur de la base du 5e métacarpien, et se portant très obliquement en bas, en avant et en dedans, vient se jeter dans le collatéral palmaire interne du petit doigt (fig. 1).

II. Ailleurs, l'anastomose toujours sous-cutanée est transversale et croise perpendiculairement le bord cubital de la main (fig. 2).

III. Voici une autre variété. La branche dorsale émet à la hauteur du pisiforme un gros rameau qui se porte en avant, en bas et en dedans, en contournant le bord cubital de la main. Ce rameau se divise en deux filets, dont l'un vient se jeter obliquement dans le collatéral palmaire interne du petit doigt. L'autre filet passe sous ce collatéral du petit doigt et vient se fusionner avec le rameau

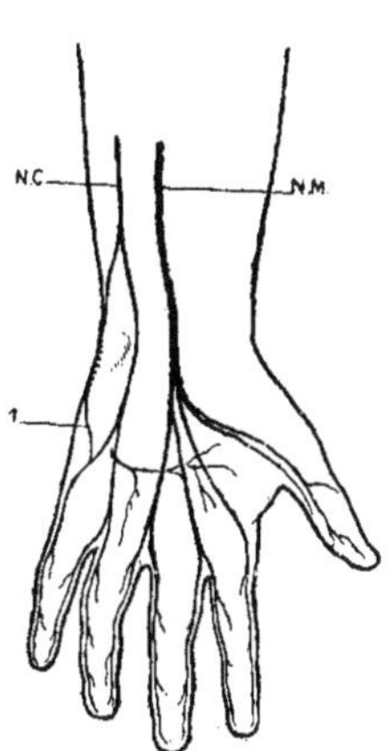

Fig. 1. 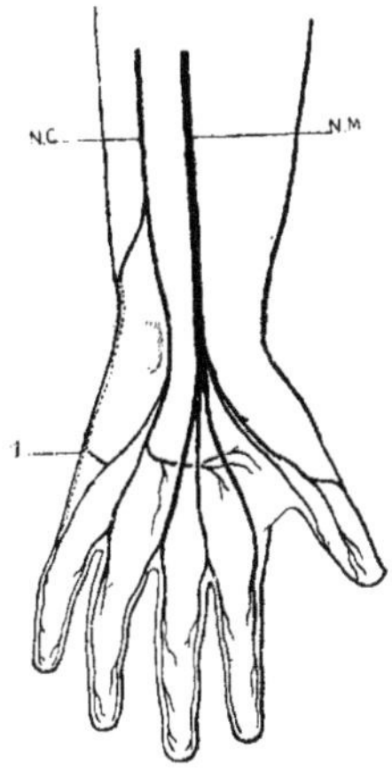 Fig. 2.

Anastomose oblique ou transversale entre la br. dorsale et le collatéral interne du petit doigt.

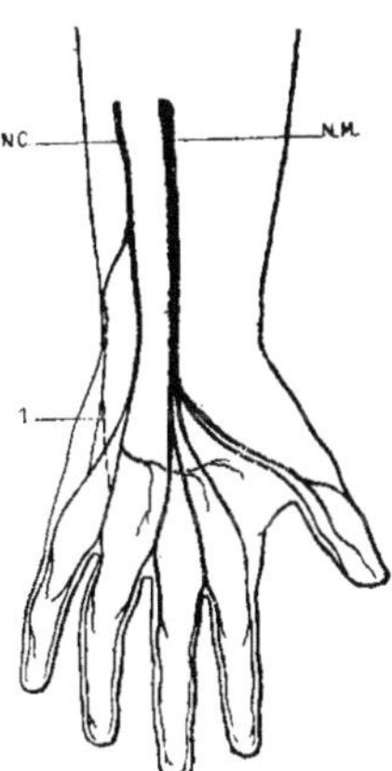

Fig. 3. — Rameau étendu de la branche dorsale au collatéral interne du petit doigt et au tronc des collatéraux externe du petit doigt et interne de l'annulaire.

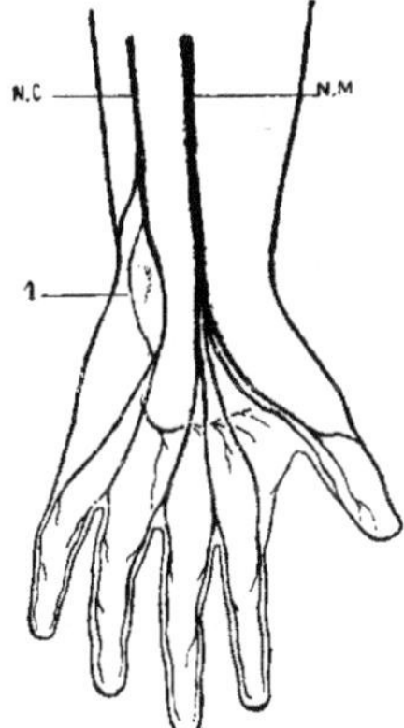

Fig. 4. — Anastomose en ellipse entourant le pisiforme.

du cubital qui va fournir les collatéraux palmaires externe du petit doigt et interne de l'annulaire (fig. 3).

IV. Un rameau de la branche dorsale pénètre dans l'épaisseur de l'éminence hypothénar, entre l'opposant et le court fléchisseur du petit doigt, et s'unit avec un filet du nerf destiné à ce muscle.

V. Le pisiforme est encadré dans une ellipse nerveuse (fig. 4).

VI. Le nerf collatéral palmaire interne du petit doigt provient

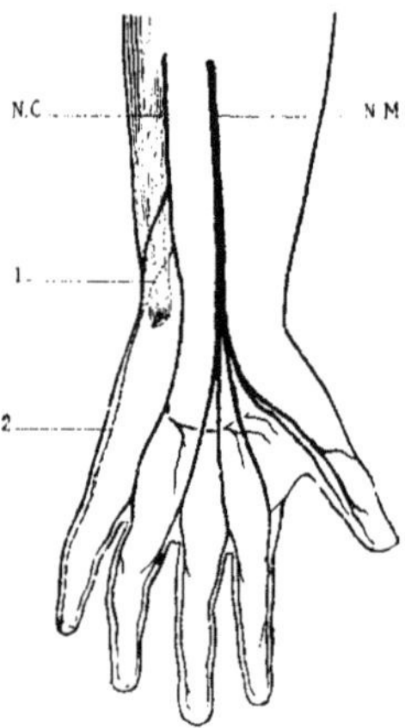

FIG. 5. — 1. Filet étendu de la branche palmaire à la branche dorsale en passant à travers le cubital antérieur.— 2. Collatéral palmaire interne venant de la branche dorsale.

de la branche dorsale, ce nerf collatéral ne recevant qu'un tout petit filet de la branche superficielle palmaire.

VII. Dans d'autres cas il y a anastomose entre filets superficiels et filets profonds de la branche palmaire. Ainsi le collatéral palmaire interne du petit doigt, à la partie moyenne de l'éminence thénar, reçoit un gros filet, venu du nerf de l'adducteur du petit doigt.

VIII. Dans un cas la branche dorsale était double, deux rameaux dont l'un se détachait à mi-hauteur de l'avant-bras, l'autre à 5 centimètres de la tête du cubitus. Ce dernier fournissait un filet anastomotique important au collatéral palmaire interne du petit doigt et le collatéral dorsal interne ; l'autre se distribuait à la partie externe du petit doigt, à l'annulaire, au médius et s'anastomosait avec le radial.

IX. Les rameaux dorsaux sont fournis par le radial (fig. 6).

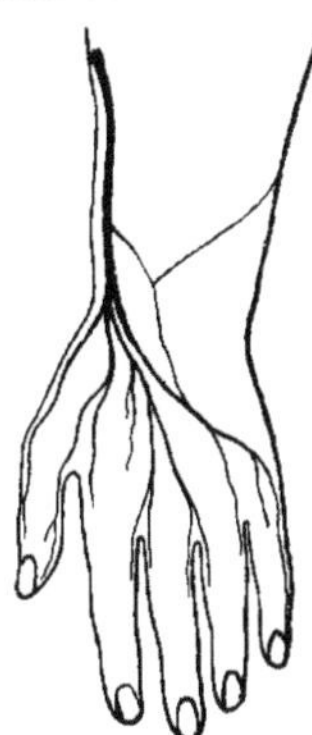

Fig. 6.

X. Le cubital émet une branche sous-cutanée couvrant de ses filets les parties antérieure et interne de la moitié inférieure de

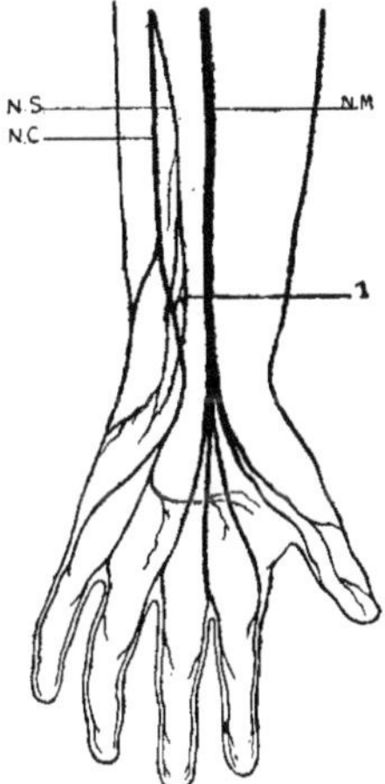

Fig. 7. — *N. S.* Rameau superficiel. 1. Anastomose avec le tronc cubital.

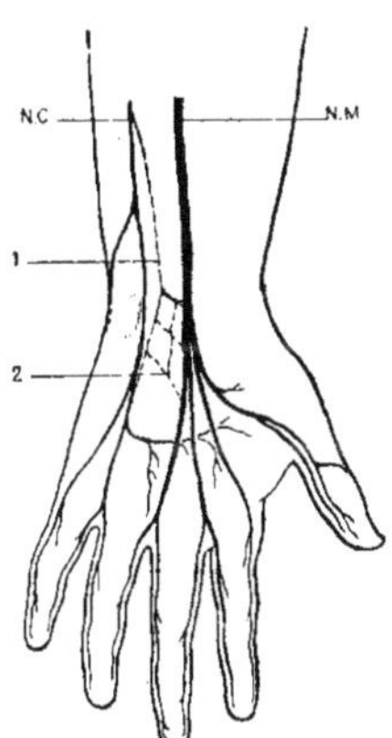

Fig. 8. — 1. Rameau anastomotique étendu du cubital au médian. 2. Petit plexus formé par les filets de ce rameau.

l'avant-bras. Un de ses rameaux s'anastomose avec un autre filet issu du tronc cubital, un peu au-dessus du pisiforme (fig. 7).

XI. Le nerf cubital s'unit fréquemment au brachial cutané interne.

2. **Collatéral dorsal externe du pouce fourni par le musculo-cutané.** — *Bulletins de la Société anatomique*, 1896.

3. **Le nerf musculo-cutané et l'innervation des téguments de la main.** — *Bulletins de la Société anatomique*, novembre 1896.

Chez beaucoup de sujets, le musculo-cutané prend une part

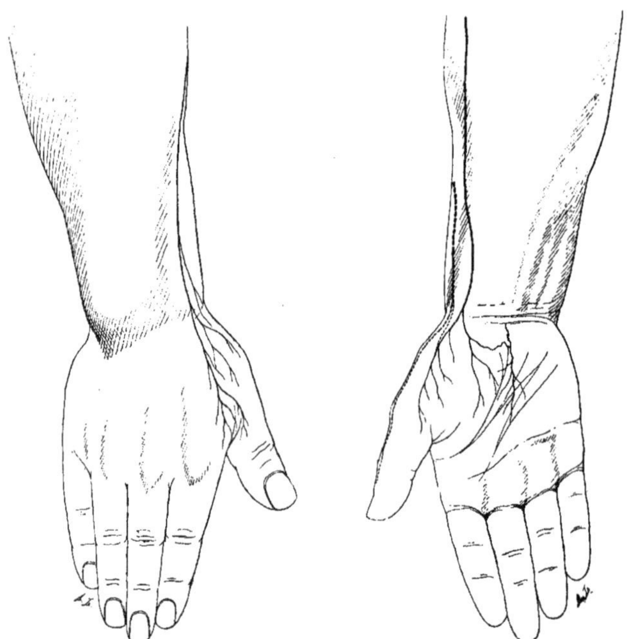

importante à l'innervation de la peau de l'éminence thénar, du pouce, et du premier espace interosseux. L'étendue du territoire innervé par le musculo-cutané varie d'un sujet à l'autre, de la main

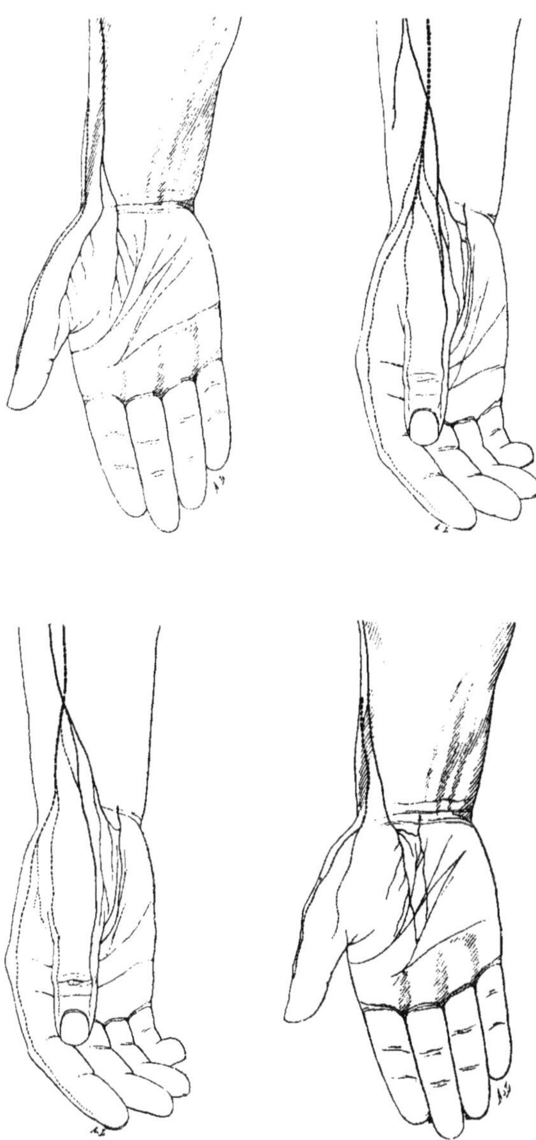

droite à la main gauche. Toutes ces variations des nerfs de la main sont importantes à noter, car elles peuvent dans une certaine

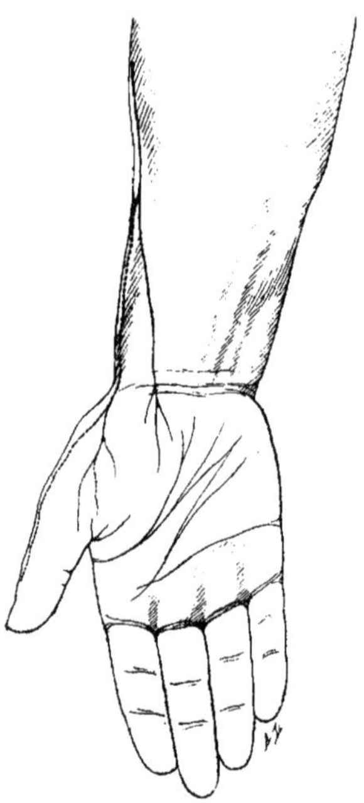

mesure servir à interpréter les résultats un peu déconcertants que donne parfois la recherche de la sensibilité après les blessures des troncs nerveux.

4. **L'innervation de la face dorsale de la main et des doigts.**
Bulletins de la Société anatomique, janvier 1897.

Indépendamment de quelques ramuscules du musculo-cutané, le radial et le cubital se partagent équitablement l'innervation du dos de la main, chacun sa moitié; la ligne de partage passe par l'axe du médius, et ce doigt reçoit des filets des deux nerfs. Telle est la disposition décrite par les classiques, et qui en effet est commune.

Mais très souvent il y a inégalité dans la répartition des filets du cubital et du radial, et alors presque toujours c'est le radial qui devient prédominant.

Il est extrêmement fréquent de voir le territoire du radial devenir prépondérant (fig. 1, 2, 3, 4, 5).

Rarement le nerf cubital peut à son tour envahir le territoire

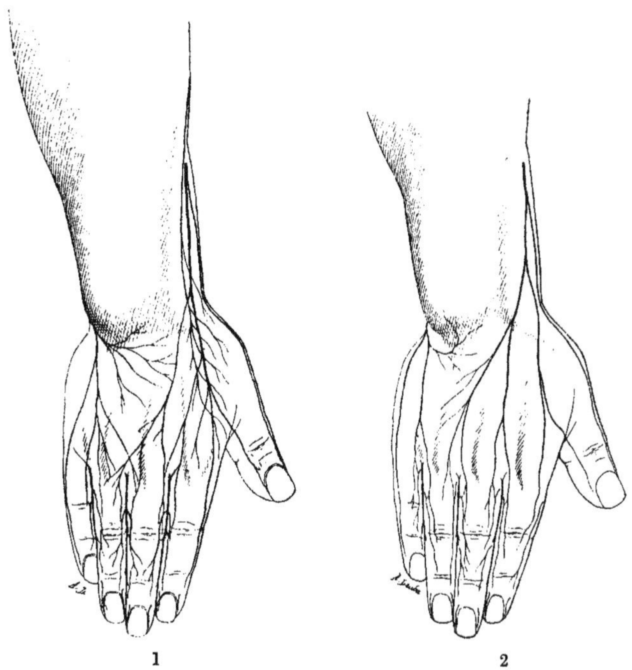

1 2

habituellement innervé par le radial, envoyer des filets jusqu'à l'index (fig. 6).

Il est fréquent aussi de voir des filtes du cubital et du radial s'entre-croiser au niveau du troisième espace interosseux, les filets venus du cubital allant au médius, ceux du radial allant à l'annulaire.

Il y a souvent anastomose entre ces filets au moment de leur entre-croisement. Dans d'autres cas ils ne s'unissent point et passent librement les uns au-dessous des autres.

En somme, c'est presque toujours le radial qui tend à prédominer. Et même quand il y a égale répartition au sujet des doigts, il y a *sur le dos de la main une légère prédominance du radial*, au moins pour la partie inférieure de la région, pour la partie proche des doigts. Pour celle qui est *proche du poignet*, c'est presque toujours le *cubital* qui joue le plus grand rôle dans l'innervation. Ce n'est donc pas une ligne verticale passant par l'axe de la main

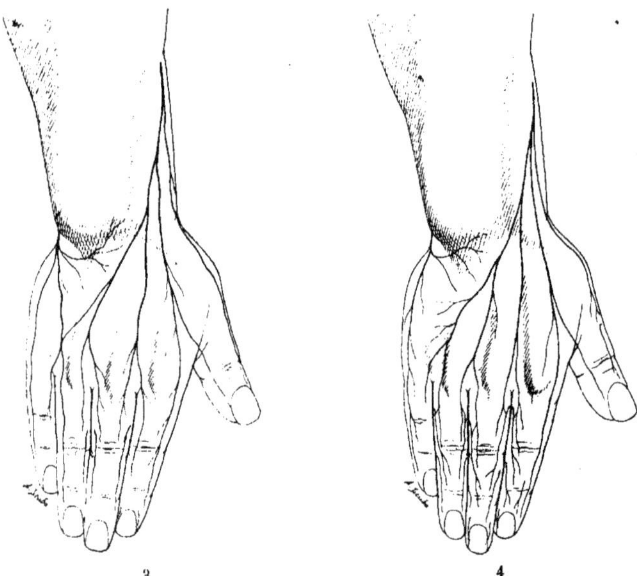

3 4

qui sur un schéma doit délimiter le territoire du radial de celui du cubital, mais une ligne courbe en S.

Pour ce qui est de la distribution des collatéraux, il y a des variations plus grandes encore, exception faite pour le pouce.

On sait que chez les singes, les collatéraux vont tous jusqu'à l'extrémité des doigts. Chez nous ils sont en voie de régression et d'autant plus qu'on se rapproche davantage de l'axe de la main.

Toute la partie restante des doigts est innervée par des rameaux venus des collatéraux palmaires.

On dit quelquefois que les *collatéraux dorsaux* viennent alors des *collatéraux palmaires;* c'est une erreur de nomenclature.

Ce sont des rameaux en dehors du type primitif, devenus prédominants à la suite de l'atrophie des véritables collatéraux.

Sur chacun des quatre derniers doigts, et cela est surtout vrai

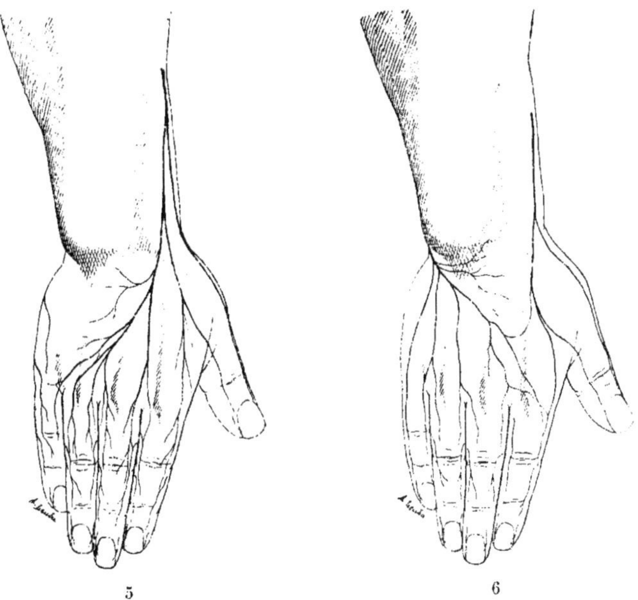

5 6

pour les doigts du milieu, le collatéral palmaire émet ordinairement trois rameaux dorsaux.

Des trois rameaux dorsaux, le premier est celui qui présente les plus grandes variations.

Son développement est généralement en raison inverse de celui du collatéral dorsal.

Une part considérable de l'innervation de la face dorsale des doigts revient donc en définitive aux collatéraux palmaires.

D'autre part, il n'est pas rare de voir des filets venus des nerfs dorsaux descendre vers la commissure des doigts, et dans leur distribution dépasser un tant soit peu la ligne de partage des faces dorsale et palmaire et innerver une petite partie des téguments palmaires au voisinage de cette commissure.

Des prolongements de la glande sublinguale à travers le mylo-hyoïdien. — *Bull. Soc. anat.*, 1897. (V. *Pathogénie de la grenouillette sus-hyoïdienne.*)

II. — PATHOLOGIE

1° — Maladies congénitales.

1. **Kyste dermoïde latéral du plancher de la bouche.** — *Bulletins de la Société anatomique*, octobre 1898.

2. **Kyste dermoïde sus et présternal.** — *Bulletins de la Société anatomique*, 5 octobre 1900

Ce kyste était médian, à cheval sur la fourchette; il était à la fois sus et présternal, mais surtout cervical. Comme le sont habituellement ceux de la tête et du cou, ce kyste est très simple : un sac cutané, rien de plus.

Nous nous rangeons à l'opinion des auteurs qui considèrent ces dermoïdes comme complètement distincts, sous le rapport de la pahotgénie, de ceux de l'ovaire et du testicule. Ces derniers sont de véritables tératomes résultant sans doute d'un processus de parthénogénèse. La pathogénie des dermoïdes n'est pas univoque et il n'y a aucune raison d'envisager à cet égard la question sous une forme globale.

Les renseignements fournis au sujet du début et de l'évolution de sa tumeur, ainsi que les signes révélés par la palpation, permettaient de formuler le diagnostic avec beaucoup de probabilité.

La tumeur adhérait aux aponévroses, adhérences d'où résultait ce signe particulier, l'ascension sous l'influence des mouvements de la déglutition.

3. **Tumeur congénitale de la lèvre inférieure. Angio-lymphangiome.** — *Bulletins de la Société anatomique*, juin 1898.

Cette tumeur était ferme, non réductible, assez bien limitée, faisant corps avec la muqueuse et présentant une obscure mobilité sur le plan musculaire de la lèvre.

L'examen microscopique a confirmé absolument le diagnostic. Sur les coupes on aperçoit une grande quantité de vaisseaux san-

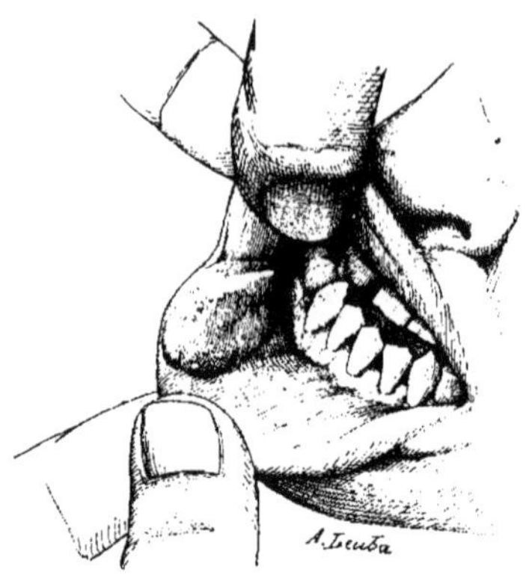

guins et d'énormes lymphatiques. En plusieurs points il y a de petits foyers hémorrhagiques.

4. **Kystes de l'ouraque.** — *Bulletins de la Société anatomique*, 21 décembre 1900.

Comme tous les organes transitoires, l'ouraque laisse au cours de son évolution régressive des débris qui sont susceptibles de jouer ultérieurement un rôle pathologique. Des restes de la cavité tubulaire dont l'ouraque est primitivement creusé, complètement isolés, sont susceptibles de former des kystes. Les chirurgiens ont eu plusieurs fois à traiter ces collections, dont l'étude a fait l'objet de travaux de Freer *(Ann. of Surg.*, 1887), Robinson (*ibid.*, 1891), Lawson Tait, Atlee, Alban Doran. Mais il s'agit alors de tumeurs déjà volumineuses. Les premiers stades de ces kystes sont moins connus, car ils sont complètement indolents et ne donnent lieu à aucun symptôme.

5. **Énorme tumeur congénitale sacro-coccygienne.** — *Bulletins de la Société anatomique*, mars 1901.

C'était un lipome diffus, très vasculaire, dont l'accroissement,

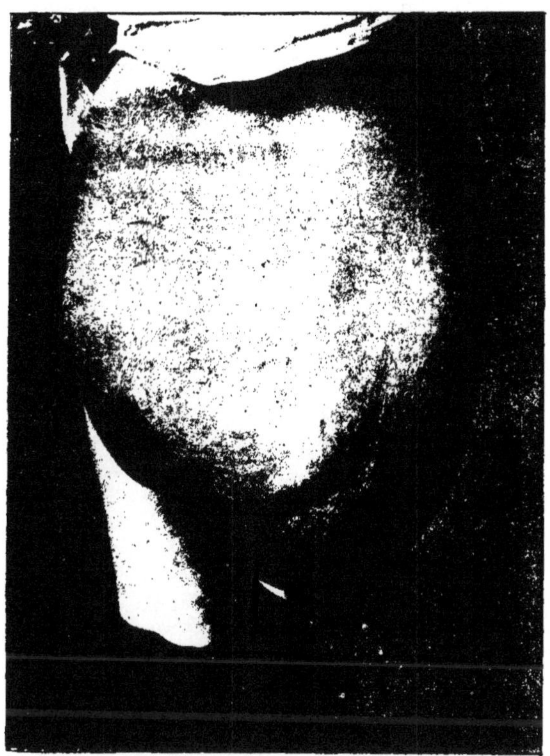

incessant depuis l'enfance, était devenu très rapide sous l'influence de deux grossesses.

Les téguments présentaient sur toute sa surface une pigmentation très accusée.

Le poids énorme de cette masse et son volume rendaient l'existence très misérable. La défécation surtout était devenue fort pénible.

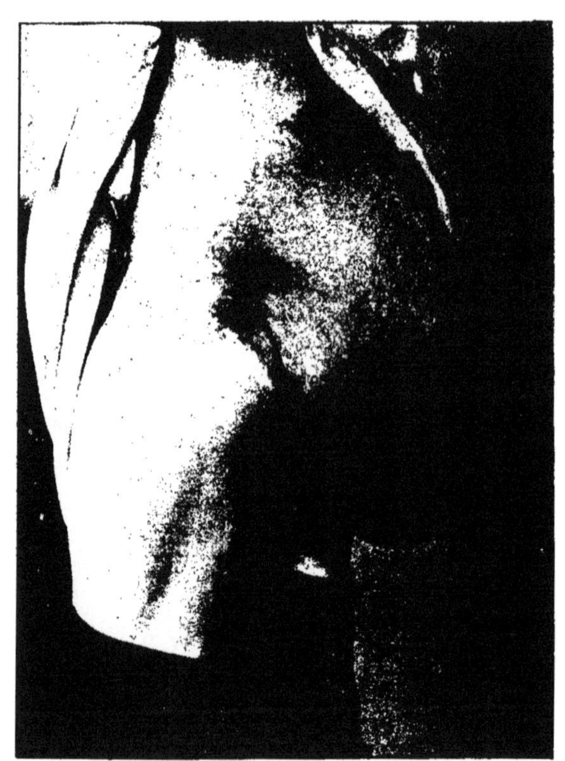

La malade n'a pas survécu à l'extirpation, qui cependant n'avait présenté aucune difficulté particulière. L'effusion de sang avait été

très modérée, grâce à l'hémostase préalable par pincement. Dans l'épaisseur de la graisse était une poche de spina-bifida, reliée au canal rachidien, un pédicule plein passant entre deux arcs sacrés.

6. **Hypertrophie congénitale éléphantiasique du membre supérieur gauche.** — *Bulletins de la Société anatomique*, 2 février 1900.

Il n'y a pas d'hypertrophie en longueur, ni de grosse modification du squelette et des muscles. Les lésions occupent surtout les couches superficielles et principalement le tissu cellulaire sous-cutané.

Il y a eu au début une malformation du système lymphatique,

une sorte de lymphangiome, et c'est d'ailleurs ce qu'on observe fréquemment dans les hypertrophies congénitales, qui dans un grand nombre de cas sont des vices de développement du système lymphatique.

7. **Amputation congénitale et anomalies multiples chez un fœtus à terme.** — *Bulletins de la Société anatomique*, 1897.

Du côté gauche, la jambe se termine par un moignon, comme si elle avait été amputée dans son tiers inférieur.

Le tibia est simplement entouré d'une gaine tégumentaire. Il n'y a *aucune trace de péroné*.

Du côté droit, le pied n'a que *trois orteils*, les os du tarse parais-

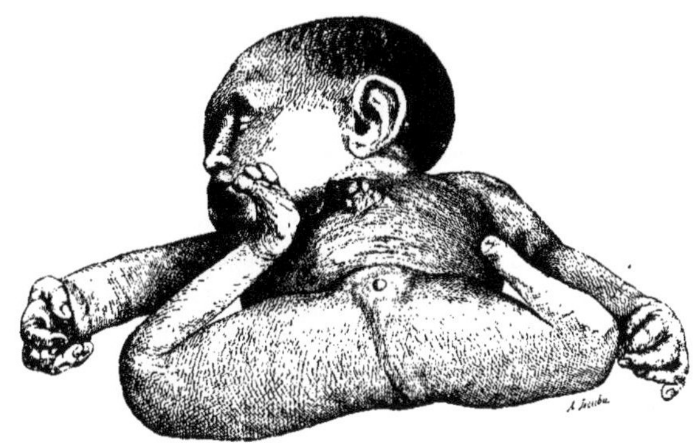

sent soudés. La jambe, très grêle, est comme à gauche *dépourvue de péroné* et de *muscles*.

Il n'y a point d'anus. Il n'existe pas non plus *d'organes génitaux externes*.

Le poumon droit, *arrêté dans son développement*, est du volume d'un tout petit pois.

Le gauche ne présente *aucun vestige de la division en lobes*.

Le cœur remplit la *moitié droite* du thorax.

Les deux ventricules communiquent.

La crosse de l'aorte est à *droite*, le tronc brachio-céphalique à *gauche*.

Il y a *deux veines caves supérieures*.

La veine ombilicale passe *au-devant du foie*, pour se jeter dans la veine cave inférieure, juste au niveau du diaphragme.

L'estomac et l'intestin grêle ne *communiquent point*.

Le gros intestin se termine en cul-de-sac dans la fosse iliaque gauche.

Les deux trompes viennent se terminer sur une sorte de noyau dur dans lequel il est impossible de reconnaître aucun organe. Il n'y a pas d'urèthre.

8. **Tumeur congénitale (angio-lymphangio-lipome) du flanc.** — *Bulletins de la Société anatomique*, 1899.

La tumeur, masse diffuse, occupait le côté gauche du tronc, s'étendant du rebord des fausses côtes jusque sur la fesse, dépassant en avant l'épine iliaque antérieure et supérieure, en arrière la symphyse sacro-iliaque. L'extirpation en fut faite avec succès.

Elle est composée de vaisseaux lymphatiques dilatés, de graisse et de vaisseaux sanguins, artériels, veineux et surtout capillaires. On y trouve aussi çà et là de grands faisceaux de fibres lisses. Autour des vaisseaux lymphatiques, il y a aussi des fibres musculaires lisses en abondance tout à fait surprenante. Somme toute, cette tumeur doit être étiquetée angio-lymphangio-lipome congénital.

9. **Lipome congénital d'un orteil.** — *Bulletins de la Société anatomique*, 1899.

Le deuxième orteil présente des dimensions considérables. Il est huit ou dix fois plus gros que le gros orteil, et dépasse de beaucoup en avant le niveau des autres doigts.

Le squelette, peu modifié, ne présente qu'une légère augmentation générale, que l'image radiographique avait exagérée. Les articulations, les tendons, la gaine synoviale sont parfaitement intacts ; il n'y a pas de modification appréciable du côté des vaisseaux. La lésion prédominante et pour ainsi dire unique est le développement de la graisse. Il s'agit d'un lipome pur entourant tout l'orteil, mais prédominant à la partie inférieure et sur les côtés.

2° — Os.

1. **Ostéomyélite de l'omoplate.** — *Bulletins de la Société anatomique*, 1891.

2. **Exostose du maxillaire inférieur.** — *Bulletins de la Société anatomique*, 1896.

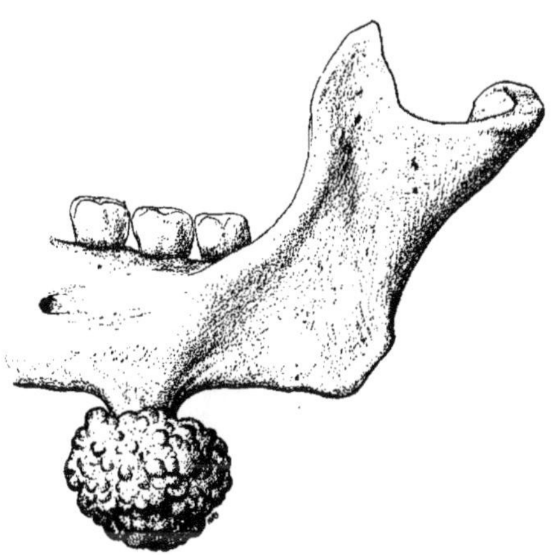

3. **Exostose de l'extrémité supérieure du fémur. Fracture de l'exostose. Extirpation. Guérison.** — *Union médicale*, 1891.

4. **Exostoses ostéogéniques multiples du fémur, du péroné et du tibia. Fragment d'exostose détaché d'une des masses principales et articulé avec le reste de l'exostose.** — *Bulletins de la Société anatomique*, décembre 1894.

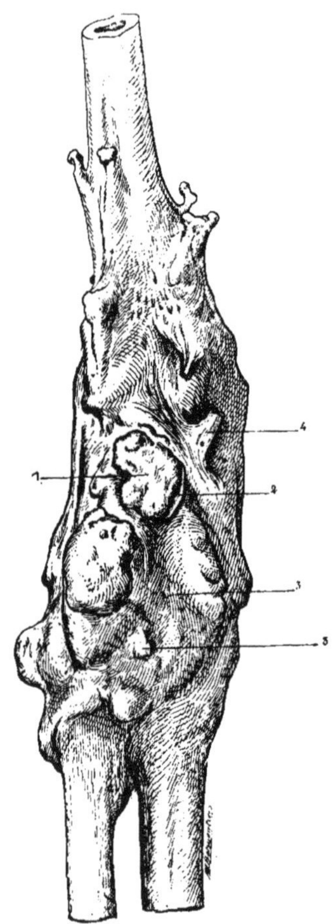

1. Fragment d'exostose détaché de la masse principale et articulé avec le reste de l'exostose. — 2. Synoviale. — 3, 3. Exostoses du tibia et du péroné fusionnées ensemble. — 4. Tendon du demi-membraneux.

5. **Résection des deux tiers internes de la clavicule pour difformité causée par un cal saillant et une luxation en avant de l'extrémité interne de la clavicule.** — Présentation à la *Société de chirurgie*, le 1er juin 1898. Rapport de M. Richelot, 28 juin 1899.

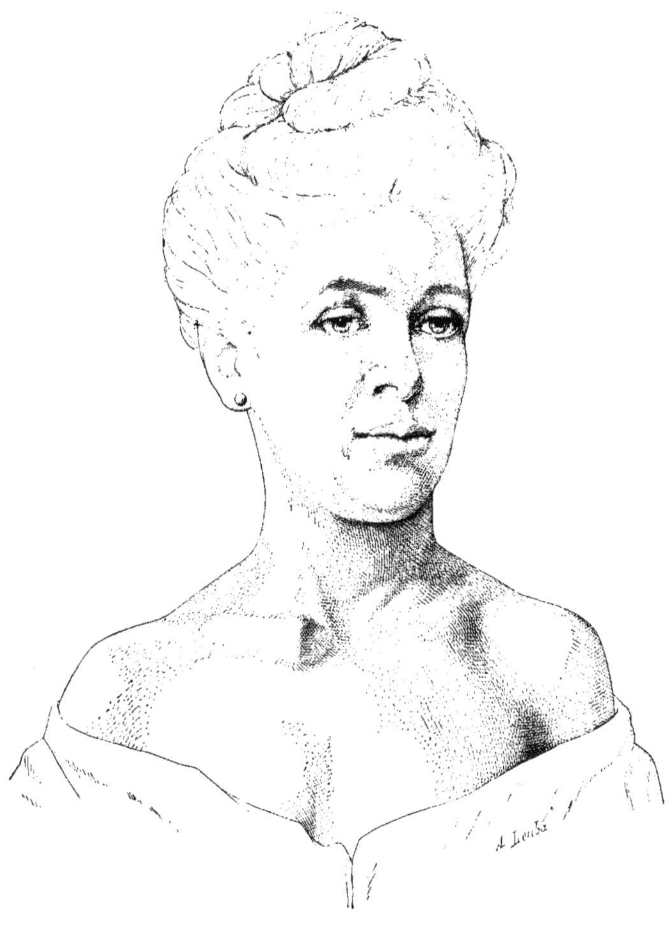

A. Leuba
A. L

6. **Fracture-luxation de l'extrémité externe de la clavicule ; déplacement sus-épineux irréductible du fragment long formé par l'os presque tout entier ; opération après trois mois ; guérison.** — *Revue d'orthopédie,* 1900.

Il s'agissait d'une fracture juxta-articulaire, mais si voisine de l'articulation acromio-claviculaire et présentant d'une manière si complète les signes d'une luxation qu'il était impossible de ne pas faire ce diagnostic. Passant à travers le trapèze, l'os s'était placé au-dessus de l'épine de l'omoplate, simulant une luxation sus-épineuse de la clavicule. La mensuration ne permettait pas de noter à l'examen du malade une différence de longueur. Cette constatation, rapprochée des autres signes de cette lésion, en faisait cliquement une luxation. C'est pourquoi j'ai cru pouvoir la désigner sous ce nom de fracture-luxation, car il s'agit d'un cas de transition, intermédiaire aux deux lésions.

7. **Pseudarthrose de la clavicule.** — *Bulletins de la Société anatomique,* juillet 1896.

8. **Fracture du col chirurgical de l'omoplate.** — *Bulletins de la Société anatomique,* octobre 1894.

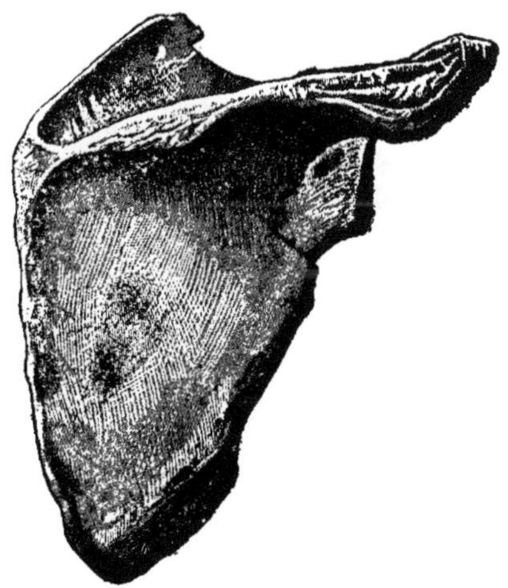

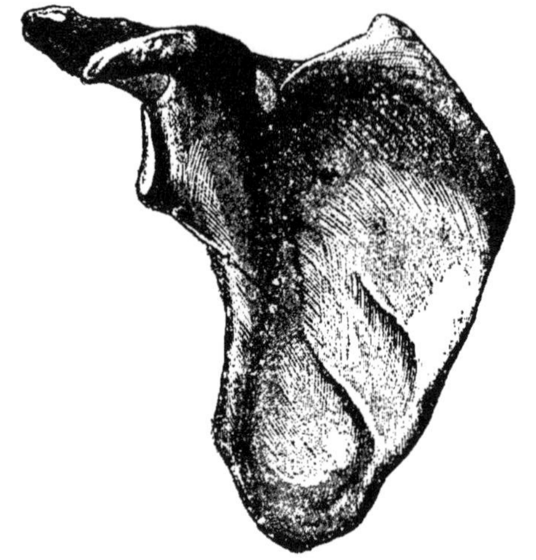

9. **Fracture ancienne de l'omoplate.** — *Bulletins de la Société anatomique*, mars 1896

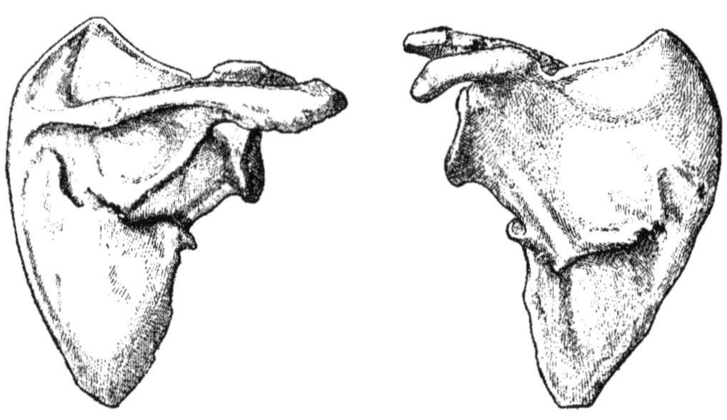

10. **Fracture ancienne de l'omoplate** (2e cas). — *Bulletins de la Société anatomique*, mars 1896.

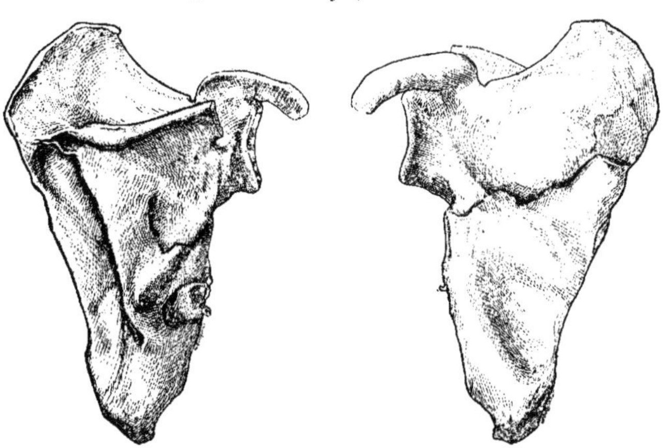

11. A. — **Fracture longitudinale incomplète de l'omoplate. Fêlure de l'acromion.** — *Bulletins de la Société anatomique*, 1896, p. 30.

B. — **Fracture longitudinale incomplète de l'omoplate.** *Bulletins de la Société anatomique*, 1896.

C. — **La fracture longitudinale incomplète de l'omoplate.** — *Presse médicale*, 1895.

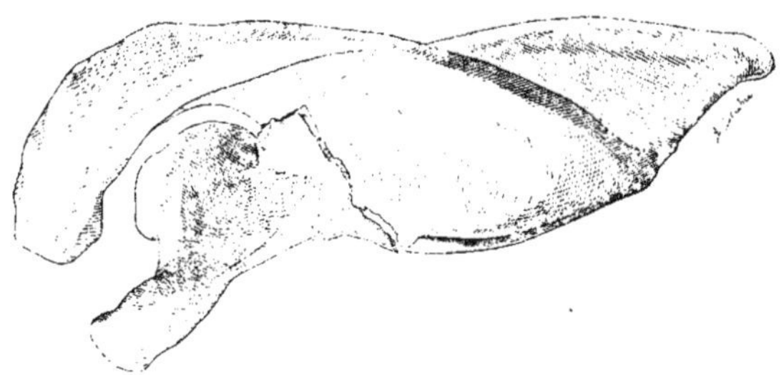

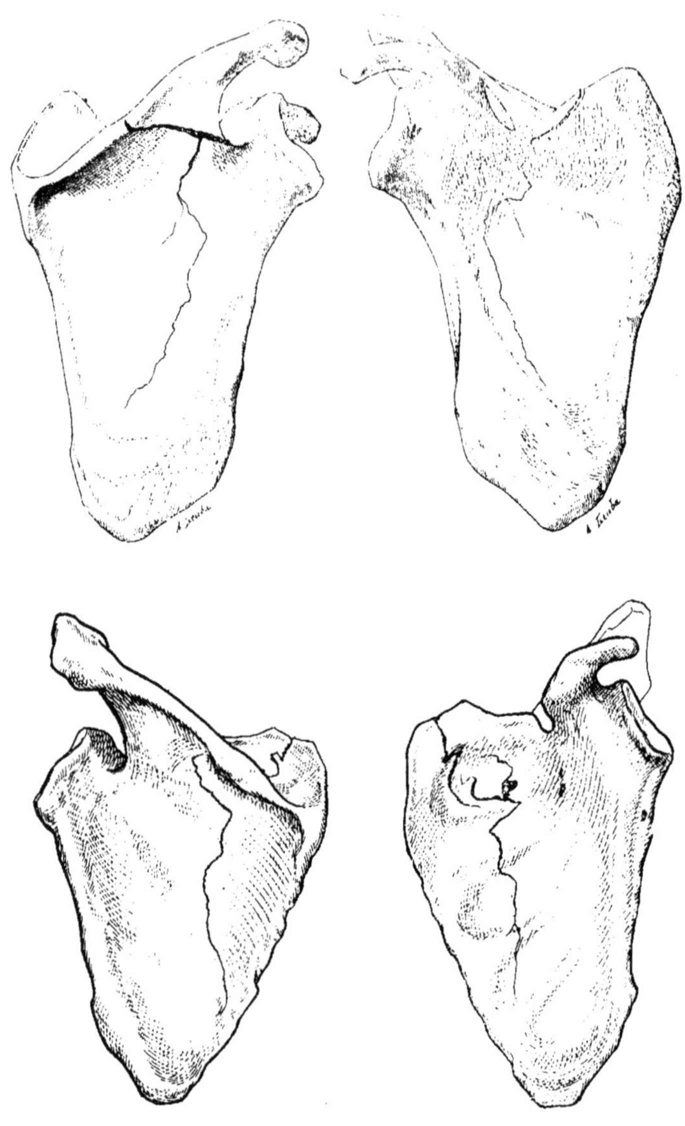

12. **Fracture de l'omoplate et de l'extrémité interne de la clavicule.** — *Bulletins de la Société anatomique*, octobre 1898.

13. **Fracture de l'olécrâne accompagnée de troubles nerveux.** — Th. Gamet, 1899.

14. **Fracture ancienne des cartilages costaux.** — *Bulletins de la Société anatomique*, janvier 1896.

15. **Ancienne fracture sous-trochantérienne.** — *Bulletins de la Société anatomique*, juillet 1896.

16. **Fracture ancienne de la rotule.** — *Bulletins de la Société anatomique*, 1897.

Exemple de consolidation osseuse. — Le fragment supérieur comprenait la presque totalité de la surface articulaire. Les deux fragments sont unis l'un à l'autre par un cal osseux, un peu irré-

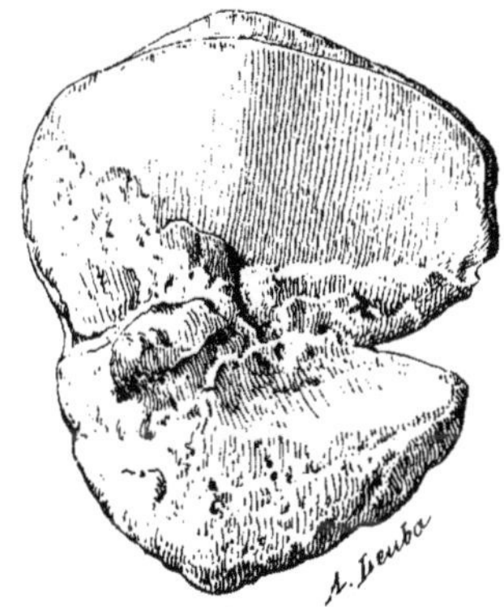

gulier. Des productions ostéophytiques font saillie dans l'articulation, répondant surtout à la rainure intercondylienne. Les deux fragments ne sont pas directement unis l'un à l'autre. Entre eux, leur servant de trait d'union, le cal osseux, haut de 1 centimètre, occupant en largeur à peu près les 4/5 de la rotule. Ce cas doit rentrer dans le type 1 de Chaput.

17. **Fracture ancienne du bassin.** — *Bulletins de la Société anatomique*, 1895, p. 6.

18. **Fractures du calcanéum, du bassin, du rachis, du sternum et des côtes.** — *Bulletins de la Société anatomique*, décembre 1899.

Cas qui établit que la fracture double verticale peut être obtenue par choc cotyloïdien à la suite d'une chute sur les pieds.

19. **Fracture ancienne de la crête iliaque.** — *Bulletins de la Société anatomique*, novembre 1896.

20. **Fracture du bassin.** — *Bulletins de la Société anatomique*, novembre 1899.

21. **Traumatisme du cou-de-pied. Fractures du péroné, de la malléole interne, du calcanéum. Rupture des artères plantaires. Sphacèle étendu des téguments. Amputation de jambe.** — *Bulletins de la Société anatomique*, 13 avril 1900.

22. **Deux cas de fracture du calcanéum par écrasement.** — *Bulletins de la Société anatomique*, octobre 1894.

23. **Trois cas de fracture du calcanéum.** — *Bulletins de la Société anatomique*, octobre 1894.

Sur deux de ces pièces, nous remarquons que : 1° La partie externe de la surface articulaire postérieure a basculé pour s'enfoncer par sa partie antérieure dans le tissu spongieux.

2° Le fragment interne formé par la moitié interne de la facette articulaire postérieure, la petite apophyse, la longue bande compacte sous-jacente, se déplace en dedans et en bas et comble le canal calcanéen.

Ces dispositions se retrouvent sur un certain nombre d'autres pièces examinées par nous, et en particulier sur les deux précédemment mentionnées.

Le 3e cas est bien plus curieux. Les deux tubérosités postérieures ont été détachées par une fracture transversale divisant horizontalement la partie postérieure du calcanéum, et elles ont été transportées en avant.

C'est une lésion forte ancienne qui peut-être remonte à l'enfance. « Pourquoi y aurait-il impossibilité à ce que d'énormes trousseaux fibreux, comme ceux qui s'attachent aux tubérosités postérieures du calcanéum, arrachent ces tubérosités, quand on admet si facilement ce mécanisme pour tant d'autres fractures dans les régions où il y a moins de tissu spongieux, où les ligaments sont beaucoup moins forts ?

Il y a ici une épiphyse spongieuse à laquelle s'attache en haut le tendon d'Achille, en avant les aponévroses et les muscles de la plante du pied. Il n'y a rien d'illogique à supposer que cette épiphyse se soit partagée en deux au moment d'une violente traction exercée par ces muscles et aponévroses et que la partie inférieure ait été entraînée en avant par la force qui l'a détachée. »

25. **Écrasement du pied. Disjonction de l'interligne de Lisfranc. Fracture de l'épiphyse calcanéenne.** — *Bulletins de la Société anatomique*, 27 juillet 1900.

L'épiphyse s'est brisée transversalement à sa partie moyenne. La moitié postérieure est restée attachée au calcanéum, dont la sépare encore le cartilage de conjugaison ; l'antérieure, comprenant les tubérosités, s'est déplacée en avant, entraînée par les muscles. Il semble que l'on doive faire, dans le mécanisme d'ailleurs obscur de cette lésion dans ce cas complexe, une certaine part à l'arrachement, arrachement produit par l'hypertension et la traction brusque des muscles et aponévroses plantaires au moment du choc.

C'est une fracture d'une rareté extrême. Sur une des pièces étudiées dans le précédent travail, pièce pour ainsi dire unique, on voyait cette lésion à l'état ancien. Les tubérosités transportées en avant s'étaient soudées à la face inférieure de l'os.

Celle-ci montre la lésion dans le stade initial. C'est une preuve péremptoire de l'existence de cette fracture. Elle établit le bien fondé de l'interprétation que j'avais fournie pour la pièce ancienne à laquelle je viens de faire allusion.

26. **Fracture de l'astragale.** — *Bulletins de la Société anatomique*, 8 décembre 1899 (1 figure).

Le cas n'est pas absolument simple, c'est un de ces faits complexes à cheval sur le chapitre des luxations et celui des fractures. L'astragale séparé en deux, la partie antérieure a été entraînée en avant et en dedans, le corps l'aurait suivi forcément, si en même temps que se produisit la fracture il n'y avait eu rupture des ligaments interosseux qui a permis au calcanéum de se porter en avant, laissant en arrière l'astragale, traîné par l'avant-pied, et par la fronde des extenseurs attachée à sa grande apophyse. Le pied s'est

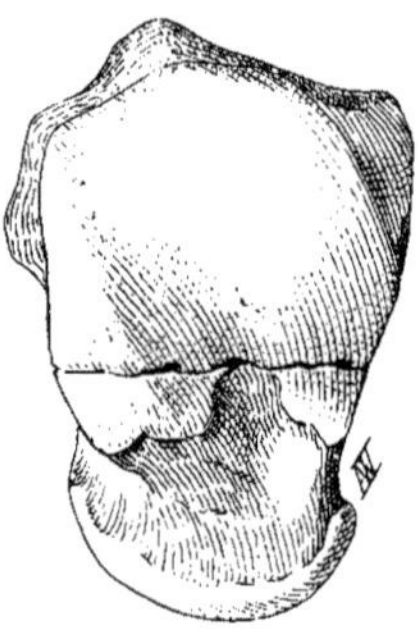

Astragale. — Pied gauche, jeune fille de 17 ans. — Fracture transversale à l'union du corps et au col.

donc déplacé en avant dans sa totalité. C'eût été une luxation tibio-tarsienne, si le corps de l'astragale avait suivi le mouvement, une sous-astragalienne si la tête était aussi restée en arrière, une énucléation si l'os, au lieu de se briser au début et de former deux fragments à destinées différentes, avait forcé la fronde des extenseurs.

C'est par une violente adduction et rotation interne du pied que s'est produite cette fracture. La fronde des extenseurs, ce puissant ligament, tendu par ses insertions d'une part, de l'autre par les tendons extenseurs, a été le principal facteur de l'arrachement de la tête astragalienne.

Après son rôle actif dans la pathogénie de la fracture, il faut remarquer le rôle passif de cet appareil ligamenteux, la fracture produite. Engagé entre les deux fragments, interposé entre eux, il rendait impossible le refoulement du pied en arrière et la réduction de l'attitude vicieuse. La résolution obtenue par l'anesthésie générale ne pouvait modifier en rien la situation, étant donnée la nature de l'obstacle.

3° — Articulations.

1. Subluxation récidivante du cinquième métatarsien, traitée par l'arthrodèse. — *Revue d'orthopédie*, 1899.

Dans un faux mouvement du pied il peut se produire, entre autres variétés d'entorses tarso-métatarsiennes, une rupture partielle ou complète des ligaments qui unissent le cinquième métatarsien aux os voisins. La mobilité anormale qui en résulte permet au métatarsien de se déplacer en haut sous la moindre influence, de se subluxer, ce qui compromet dans une certaine mesure la statique du pied et par là devient une cause de souffrances. Quand cette lésion n'évolue pas spontanément vers la guérison, une intervention simple et sans danger, l'arthrodèse des articulations qui unissent le cinquième métatarsien aux os voisins, permet d'y remédier de la façon la plus satisfaisante.

2. Luxation du gros orteil sans déplacement des sésamoïdes. — *Bulletins de la Société anatomique*, février 1894.

Tous nos classiques admettent que dans les luxations du gros orteil les choses se passent comme pour le pouce ; « les sésamoïdes sont tout, la phalange n'est rien » ; les osselets suivent la phalange et sont la cause principale et unique de l'irréductibilité. Or, précisément chez un malade que j'ai eu l'occasion d'observer et chez lequel, à la faveur d'une intervention opératoire, j'ai pu étudier de la façon la plus nette l'état de l'articulation lésée, les sésamoïdes n'avaient point suivi la phalange. C'étaient les ligaments phalango-sésamoïdiens qui s'étaient rompus.

3. **Luxation du pouce.** — *Bulletins de la Société anatomique.*

La radiographie apporte dans l'étude des déplacements articulaires un élément nouveau du plus grand intérêt. La possibilité de conserver et de reproduire ces photographies des luxations est certainement un progrès des plus utiles. Celles des doigts en particulier se présentent dans des conditions parfaites pour la démons-

tration et l'enseignement. Voici, par exemple, la radiographie prise avant les tentatives de réduction et qui reste comme un témoin de la variété et de l'étendue de déplacement. On ne voit ici aucune trace des sésamoïdes. C'est qu'à cet âge ils sont encore cartilagineux. Chez un adulte nous aurions pu avoir immédiatement, sans autre exploration, la notion importante du rapport des sésamoïdes avec la phalange et avec le métacarpien, ce qui, on le sait, est capital dans les luxations métacarpo-phalangiennes dorsales du pouce.

4. **Luxation du coude compliquée de plaie. Réduction deux jours après l'accident. Arthrite suppurée. Arthrotomie. Hémorrhagie secondaire par ulcération de l'humérale. Ligature de cette artère. Résection du coude. Guérison.** — *Bulletins de la Société anatomique*, 1899.

La résection pratiquée dans un foyer en suppuration, loin d'être très grave, est au contraire une opération salutaire, évacuatrice, permettant un drainage large et parfait. Le coude, jointure anfractueuse et complexe, se prête mal au drainage par les simples incisions, et plus qu'aucune autre nécessite des sacrifices osseux quand il est infecté.

Si la vitalité des parois artérielles a été compromise par le traumatisme, il est très probable que l'infection a joué un rôle aussi dans la mortification de la paroi artérielle.

Il y a lieu enfin de noter la bénignité des suites opératoires, alors que la ligature de la principale artère privait le membre d'une bonne partie de ses ressources.

5. **Polyarthrites déformantes chez les tuberculeux.** — *Bulletins de la Société anatomique*, 18 janvier 1901.

6. **Arthrite déformante du coude. Corps étrangers articulaires multiples ; paralysie du cubital. Résection du coude. Guérison.** — *Bulletins de la Société anatomique*, février 1899.

7. **Arthrite sèche du genou.** — *Bulletins de la Société anatomique*, 22 avril 1898 (en collaboration avec M. Souligoux).

8. **Périarthrite tuberculeuse du coude.** — *Bulletins de la Société anatomique*, janvier 1896.

Dans ce cas il ne saurait y avoir de doute ni sur la nature tuberculeuse des lésions, ni sur leur localisation exclusive dans l'épaisseur des muscles. Leur groupement autour de la jointure du coude est assez particulier et légitime le nom de périarthrite tuberculeuse du coude, sous lequel j'ai cru pouvoir les désigner.

9. **De l'ankylose des articulations du carpe**. — *Bulletins de la Société anatomique*, 1897.

1° Les os de la deuxième rangée du carpe sont plus souvent et plus complètement soudés que ceux de la première ;

2° Le pisiforme est de tous les os du carpe celui qui se soude le plus rarement et le plus tardivement ;

3° Le métacarpien du pouce ne se soude presque jamais ;

4° Les deuxième et troisième métacarpiens sont, au contraire, ceux qui s'ankylosent le plus tôt et le plus complètement ;

5° L'ankylose radio-carpienne est toujours accompagnée et sans doute précédée par celle des articulations intercarpiennes et carpo-métacarpiennes ;

6° En définitive, la marche de ces ankyloses est subordonnée au degré de mobilité des jointures. Le pisiforme et le premier métacarpien, unis au carpe par des articulations lâches, se soudent tardivement et rarement ; les os de la deuxième rangée du carpe et les métacarpiens du milieu, presque immobiles les uns sur les autres, sont, au contraire, les premiers frappés par l'ankylose.

10. **De l'ankylose calcanéo-astragalienne**. — *Bulletins de la Société anatomique*, décembre 1894.

L'ankylose osseuse acquise de l'articulation calcanéo-astragalienne est relativement fréquente et coïncide assez souvent avec celle du tarse. Elle peut être totale et si complète que tout vestige de séparation disparaît entre les deux os et que les travées de l'un se continuent avec celles de l'autre. A l'ordinaire elle est partielle, et toujours la fusion de l'astragale et du calcanéum commence en dedans vers la région sustentaculaire et l'extrémité interne du tunnel calcanéo-astragalien, et cela est la conséquence logique des dispositions anatomiques et de la physiologie de cette jointure, car « nous trouvons en dehors : mobilité plus grande ; surfaces articulaires en contact moins intime; ligaments plus longs; en dedans, surfaces articulaires juxtaposées ; mouvements extrêmement limités; os maintenus par des trousseaux fibreux plus courts ».

L'exploration du pied doit faire soupçonner et prévoir cette disposition.

11. **Ankylose astragalo-scaphoïdienne.** — *Bulletins de la Société anatomique.*

Ces deux os sont complètement soudés l'un à l'autre. Un sillon peu profond marque les limites et représente un dernier vestige de l'interligne articulaire. On retrouve encore au côté externe de

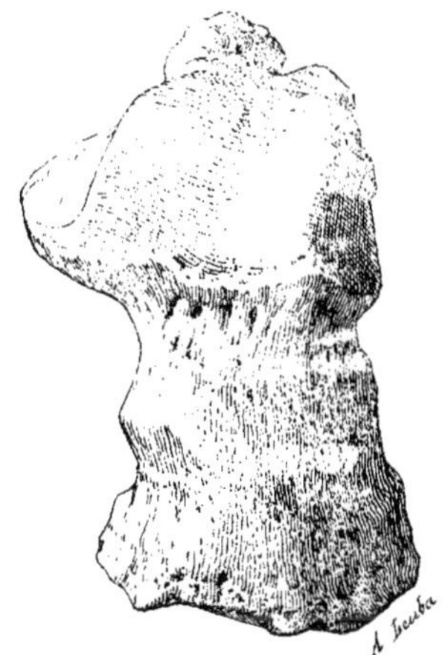

cet os astragalo-scaphoïdien la partie de la facette articulaire du scaphoïde qui, dans l'attitude habituelle du pied, déborde en dehors et en haut le scaphoïde. Mais l'union est si parfaite entre les deux pièces osseuses qu'on voit sur une coupe les trabécules osseux se continuer sans interruption de l'une à l'autre.

12. **Corps étranger de l'articulation pisi-pyramidale.** — *Bulletins de la Société anatomique*, 27 juillet 1900.

13. **Corps étranger traumatique du genou.** — Th. Dejean, Paris, 1899.

14. **Corps étrangers multiples de l'articulation tibio-tarsienne.** — Th. Bertrand, 1892.

15. **Les corps étrangers articulaires.** — *Revue d'orthopédie*, mars 1900.

Revue générale étendue, où sont particulièrement examinées les doctrines pathogéniques. L'origine traumatique des corps étrangers, qui a fait récemment à l'étranger l'objet de travaux nombreux et intéressants, a été surtout discutée. L'affection est, bien plus souvent qu'on ne le pensait autrefois, sous la dépendance d'un traumatisme.

16. **Fractures articulaires du genou. Attitudes vicieuses et arthrite sèche consécutives. Traitement opératoire.** — *Bulletins de la Société anatomique*, 22 juin 1900.

17. **Syphilis articulaire.** — *Archives génér. de médecine*, janvier 1901.

Revue générale très étendue, où sont étudiées d'une manière complète les diverses manifestations de la syphilis héréditaire ou acquise.

18. **Scapulalgie hystérique.** — *Journal des praticiens*, 17 novembre 1900.

A propos d'un cas typique j'étudie les arthropathies hystériques en général et relate plusieurs observations personnelles. Le rôle du chirurgien et les indications chirurgicales éventuelles sont soigneusement discutés.

Les contractures hystériques laissent, le plus souvent, les muscles et les articulations dans leur intégrité, le plus souvent, mais non toujours. Chez certains malades, on observe des altérations de surfaces articulaires, altérations qui sont de véritables troubles trophiques. Mais ce n'est pas tout : des attitudes vicieuses peuvent s'établir d'une façon définitive. Les muscles se rétractent ainsi que leurs tendons, de même que les ligaments et les gaines tendineuses.

A cette période, on ne peut plus dire qu'il y ait arthralgie ou arthropathie hystérique. L'affection nerveuse est atteinte dans sa détermination articulaire, laissant un reliquat, une sorte de cicatrice diffuse, un certain état scléreux du tissu conjonctif, de quelques tendons et ligaments.

Au cours de la maladie, on ne saurait se désintéresser de cette complication tardive.

Quand la maladie dure depuis longtemps, on peut craindre, dans certains cas, qu'il ne se produise des adhérences et des attitudes vicieuses permanentes.

Le professeur Duplay insiste sur cette indication. Il faut donc pratiquer le redressement suivi d'une immobilisation relative. L'extension continue peut aussi rendre alors quelques services.

C'est tout ce que le chirurgien peut se permettre comme intervention tant que persistent les contractures et la douleur.

La question est autre quand on se trouve en présence des rétractions fibro-tendineuses posthumes à l'arthralgie. Il faut alors pratiquer toutes les sections convenables et ramener le membre à une attitude conforme aux fonctions qu'il doit remplir. Il faut les entreprendre alors seulement que l'élément spasmodique a complètement disparu.

19. **Le traitement de la coxalgie chez l'enfant et l'adulte.** — *Gazette des hôpitaux*, 30 juin et 7 juillet 1900.

20. **Coxalgie multifistuleuse datant de l'enfance, chez un adulte (coxalgie attardée). Désarticulation de la hanche et résection du cotyle.** — *Bulletins de la Société anatomique*, 8 juin 1900.

Bien différentes des coxalgies tardives de l'adulte, les coxalgies attardées sont des coxalgies de l'enfance continuant à évoluer jusque dans l'âge adulte.

L'arrêt de développement énorme qui résulte d'une maladie qui a duré pendant une longue étendue de la période de croissance est tel qu'il peut créer à lui seul une condition éminemment défavorable pour la résection de la hanche.

On peut être obligé de renoncer complètement à celle-ci tant à cause de ce raccourcissement que des abcès et fistules anciennes avec luxation pathologique de l'extrémité supérieure du fémur, et de l'attitude vicieuse.

La désarticulation de la hanche suivie de résection partielle du bassin peut alors constituer une ressource sinon bonne, du moins médiocre, ce qui est déjà beaucoup pour des cas détestables.

Enfin cette opération, régulièrement conduite, perd beaucoup de sa gravité, tout en restant sérieuse.

21. **Les amyotrophies d'origine articulaire.** — *Revue d'orthopédie*, 1900.

Dans ce travail sont exposés l'histoire générale des amyotrophies d'origine articulaire, leur rôle, leur gravité, l'impotence qui en résulte et les déformations qui en sont la conséquence plus ou moins éloignée.

22. **Tumeur blanche du genou chez un vieillard arthritique.** — *Bulletins de la Société anatomique*, 8 juin 1900.

Il est à remarquer que, dans ces cas où le diagnostic entre sarcome et tumeur blanche peut prêter à discussion, il s'agit d'une difficulté purement clinique, qui s'évanouit une fois qu'on a les pièces sous les yeux. Aussi en pratique, dans un cas litigieux, il suffirait d'une exploration pour se mettre à l'abri de toute erreur.

Voici comment on peut ici interpréter les lésions : cet homme, arthritique, exposé à toutes les intempéries, se fatiguant beaucoup, a eu d'abord en vieillissant un peu d'arthrite sèche de son genou, forme légère, qui n'a point arrêté ce travailleur dur à lui-même. Il change de vie, devient oisif, et s'étiole dans l'air très confiné d'une loge obscure, sordide. Il devient tuberculeux, et la tuberculose se greffe secondairement sur le genou déjà altéré, devenu un lieu de moindre résistance ; elle se surajoute aux lésions qui existaient déjà.

Il n'y a point positivement antagonisme ; mais le terrain médiocrement favorable ne se prête pas à l'éclosion d'une forme typique ; la réaction du tissu cellulaire est plus intense, et il se produit une forme plastique.

23. **Arthrectomie du genou.** — Thèse de Cordillot, 1891.

24. **Arthrectomie du genou.** — *Société de chirurgie*, 1891.

25. **Résection du coude pour ankylose traumatique.** — Thèse de Gay, 1895.

26. **Chirurgie générale des articulations.**— Pour paraître prochainement chez O. Doin. Les articles ci-dessus indiqués sur la syphilis articulaire, les amyotrophies, etc., en sont des fragmentsdétachés.

4° — Muscles et tendons.

1. **Comment un doigt dont les tendons fléchisseurs sont interrompus peut exécuter des mouvements de flexion.** — *Bulletins de la Société anatomique* (avril 1899).

L'index et l'annulaire se rapprochent du médius, le saisissent comme le feraient les mors d'une pince au niveau de la dernière phalange.

Le médius est alors rendu solidaire de ses voisins, et les suit d'une manière passive. Le mouvement d'ensemble s'exécute avec une perfection telle qu'il faut un examen attentif pour reconnaître ce mécanisme.

2. **Arrachement de la dernière phalange de l'annulaire et du tendon correspondant du long fléchisseur commun profond.** — *Bulletins de la Société anatomique*, décembre 1893.

Hernie du jambier antérieur. — *Bulletins de la Société anatomique*, février 1895.

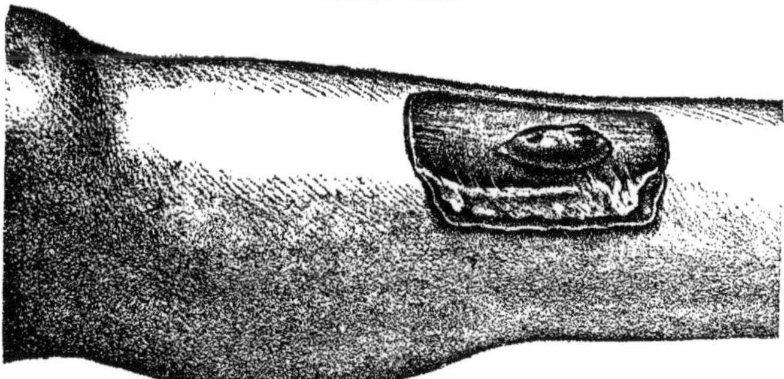

Hernie du jambier antérieur. — Un volet cutané a été rabattu. Le fascia superficialis, disséqué, est aussi rabattu en dehors, et visible à la face profonde du volet cutané. La tumeur est voilée par une légère toile cellulo-aponévrotique

3. **Lipome intramusculaire.** — *Bulletins de la Société anatomique*, décembre 1897.

4. **Kyste dans l'épaisseur du demi-membraneux.** — *Bulletins de la Société anatomique*, février 1895.

5. **Kyste hydatique du biceps.** — *Bulletins de la Société anatomique*, janvier 1897.

6. **Abcès froid dans l'épaisseur du grand pectoral. Myosite tuberculeuse.** — *Bulletins de la Société anatomique*, 1897.

7. **Hernies graisseuses à travers la gaine aponévrotique de la masse sacro-lombaire.** — *Bulletins de la Société anatomique*, mars 1901.

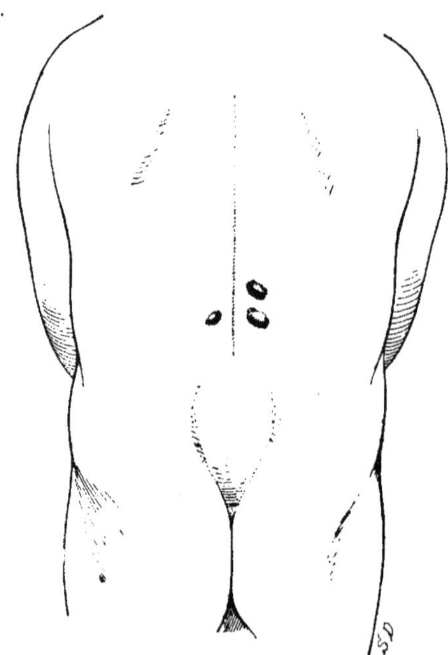

Il s'agit de lipomes développés dans l'épaisseur de la masse sacro-lombaire et faisant hernie à travers la gaine aponévrotique. Se réduisant par la contraction des muscles ou dans les attitudes qui les tendent, ils simulent des hernies musculaires.

5° — Vaisseaux et nerfs.

1. **Anévrysme du pli du coude (Anévrysme traumatique circonscrit faux primitif) traité avec succès par l'extirpation.** — *Bulletins de la Société anatomique*, juin 1899.

Notre cas doit être considéré comme un anévrysme circonscrit faux primitif, ayant eu pour point de départ très probable une blessure du tronc commun des interosseuses.

« C'est un anévrysme, comme le dit Broca, parce que c'est une tumeur sanguine artérielle limitée par un sac ; il est faux parce que ce sac est de nouvelle formation ; il est primitif parce qu'ils s'est formé dès les premiers temps de l'accident. »

L'extirpation est le traitement le plus généralement adopté aujourd'hui pour les anévrysmes des membres. Les anévrysmes faux, quand ils sont circonscrits, leur sont complètement assimilables au point de vue du traitement. C'est ce qui a été fait ici avec succès.

2. **Anévrysme du tronc brachio-céphalique.** — *Bulletins de la Société anatomique*, novembre 1897.

3. **Expériences sur les plaies artérielles.** — *Bulletins de la Société anatomique*, juillet 1900.

4. **Plaie de l'artère axillaire.** — Présentation à la *Société de chirurgie*, 9 janvier 1901. Rapport de M. Demoulin, 4 avril 1901.

L'artère avait été divisée longitudinalement, à la partie inférieure de l'aisselle, par une tige d'acier dont la pointe effilée était pourvue d'un double tranchant. J'ai fait la ligature de l'artère immédiatement au-dessus et au-dessous de la plaie, et en outre celle du tronc commun des circonflexes qui répondait précisément à celle-ci et par lequel revenait du sang amené par la circulation collatérale.

Il n'est pas inutile d'insister sur la nécessité de faire porter la ligature sur le point blessé, car la ligature à distance dans le cas de blessure de l'artère axillaire conserve encore quelques partisans irréductibles.

5. **Phlébite de la saphène externe traitée par la résection du segment thrombosé.** — *Bulletins de la Société anatomique*, mars 1899.

6. **Phlébite suppurée de la saphène interne, d'origine puerpérale, traitée par la résection très étendue de la veine.** — *Bulletins de la Société anatomique*, juin 1899.

La phlébite était consécutive à un avortement ; elle était suppurée, s'étendait depuis la partie moyenne de la jambe jusqu'à la terminaison de la saphène interne avec phénomènes pulmonaires causés par des embolies septiques.

L'état de la malade était des plus alarmants. L'extirpation de la veine enflammée a fait cesser tous ces accidents, et la malade a heureusement guéri.

7. **Trois observations de phlébite traitée par l'extirpation.** — *Bulletins de la Société anatomique*, octobre 1899.

8. **Varices congénitales.** — In th. M. Champendal, Genève, 1900.

9. **Section de la branche profonde du nerfr adial dans l'épaisseur du court supinateur. Suture des deux bouts. Guérison.** — Présentation à la *Société de chirurgie*, 25 juillet 1900. Rapport par M. Lejars, 4 avril 1901.

Le diagnostic avait pu être fait avec une précision suffisante pour que j'aie cru devoir aller jusque dans l'épaisseur du court supinateur suturer les deux bouts. La guérison a été parfaite, et le retour fonctionnel s'est effectué au bout de deux mois. Au point de vue de la régénération des nerfs, cette observation a la valeur d'une expérience très précise, car la section intéressait un nerf purement moteur sans suppléance ou récurrence possible.

Au point de vue technique, j'ai insisté sur le manuel opératoire adopté pour cette intervention. Négligeant la cicatrice qui était postérieure, j'ai suivi d'avant en arrière l'interstice du supinateur long et des radiaux d'une part, du court supinateur de l'autre, et disséqué de haut en bas le radial découvert au-dessus de ce dernier muscle.

10. **Tic douloureux de la face. Névralgie du nerf dentaire inférieur. Section de ce nerf à son entrée dans le canal dentaire par la voie sous-angulo-maxillaire.** — *Gazette des hôpitaux*, 6 novembre 1900.

Une incision curviligne fut tracée contournant l'angle de la

FIG. 1.

mâchoire, longue de 6 centim. La figure ci-jointe en donne une idée exacte (fig. 1). La quantité d'os supprimée est indiquée sur la figure schématique ci-contre [fig. 2].

Le nerf a pu être ainsi recherché méthodiquement et sectionné en bon lieu, sans perte de sang, sans ennuis, sans laisser extérieurement de traces disgracieuses. Il est possible que les procédés transmaxillaires donnent plus de facilité pour la découverte du nerf, mais tant au point de vue esthétique qu'à celui des perturbations apportées au jeu des muscles masticateurs, ils sont certainement inférieurs.

Chez certains sujets, la résection de l'angle du maxillaire n'est sans doute pas absolument indispensable. On conçoit que, chez

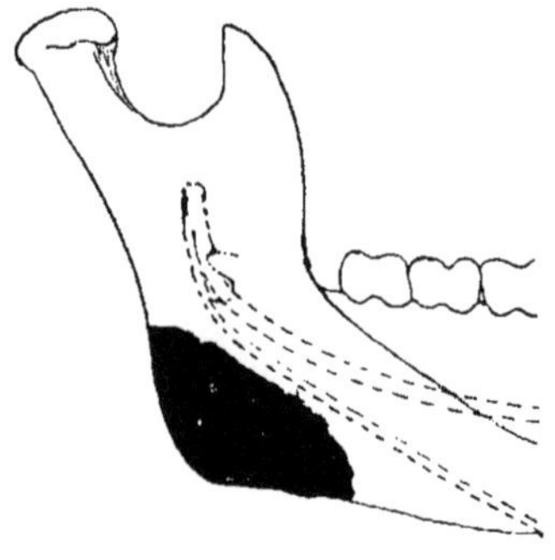

Fig. 2.

l'un, une résection osseuse soit nécessaire, alors qu'on peut s'en passer chez l'autre. La soustraction de ce coin d'os, plus ou moins étendu selon le besoin, sera déterminée par l'opérateur et proportionnée aux difficultés qu'il rencontre. C'est un temps additionnel. Ce faisant on a fait une manœuvre qui ne change rien au caractère général de l'opération. Il s'agit toujours bien d'aborder le nerf par la voie sous-angulo-maxillaire.

Cette dénomination est meilleure et plus exacte que les termes de rétro ou sous-maxillaire. Que l'incision remonte plus ou moins haut, descende plus ou moins bas, c'est l'angle de la mâchoire qui sert de repère et de guide.

6° — Peau et tissu cellulaire sous-cutané.

1. **Sarcome de la région sous-orbitaire, développé dans les parties molles. Extirpation. Autoplastie.** — *Bulletins de la Société anatomique*, 16 février 1900.

La tumeur semble avoir pris naissance dans les couches profondes du derme. La plaie résultant de son extirpation fut immédiatement réparée à l'aide d'un lambeau à pédicule supérieur prélevé sur la joue.

2. **Cancer développé sur un lupus étendu de la face. Extirpation de la tumeur et du lupus. Autoplastie par glissement et greffes de Thiersch. Guérison.** — *Bulletin de la Société anatomique*, 27 juillet 1900.

Ce cas tire quelque intérêt du traitement mis en œuvre ; l'extirpation du lupus est une question toute d'actualité. A coup sûr cette méthode trouve sa plus nette indication pour les sujets chez lesquels un néoplasme vient se surajouter à la lésion lupique.

Extirper la tumeur en laissant le lupus me répugnait beaucoup. Une telle conduite est un pis aller, quand les lésions par leur étendue ou leur propagation aux muqueuses échappent à une éradication complète. C'est une bonne pratique quand le lupus est à peu près guéri, et que la tumeur est partie d'une cicatrice.

Dans le cas particulier, les lésions étaient vastes, mais purement cutanées et par bonheur n'intéressaient aucun des orifices. Je me déterminai donc à en faire l'ablation complète.

Il fallut faire un véritable écorché de la face, et la perte de substance allait de la tempe à l'os hyoïde et du nez à l'oreille. Elle fut réparée en partie au moyen des téguments du cou ; le reste de de la plaie fut couvert de greffes de Thiersch. Le résultat a été pleinement satisfaisant et il a suffi d'une seule intervention.

Pour les greffes de Thiersch à la face, je conseille de les fixer à l'aide de points à la soie très fine appliqués sur leurs bords. En second lieu, je m'abstiens de toute application de corps gras ou de papier d'étain et couvre directement les greffes d'un pansement à la gaze stérilisée qui n'est enlevé que du dixième au douzième jour.

« Un pansement à la gaze et au coton stérilisé est appliqué directement contre les greffes. Elles n'ont ainsi que très peu de tendance à glisser. D'autre part, le pansement absorbe les suintements qui se font à la surface de la plaie; cet état de siccité est favorable à son asepsie et aussi à la bonne réunion des greffes, qu'il n'y a pas lieu de traiter autrement qu'on ne fait pour les autres tissus dont on cherche la réunion. Au dixième ou douzième jour, ce pansement sec est enlevé avec précaution, en soutenant les greffes avec la pointe des ciseaux fermés, ou une sonde cannelée. Si, par hasard, il s'en détache quelques-unes, je n'en ai nul regret. Ce sont celles qui n'ont pas pris ; en cas de succès elles doivent adhérer déjà assez solidement pour résister à cette légère traction. »

3. **Épithéliomas étendus de la face traités par l'extirpation et l'autoplastie consécutives.** — Th. Maillard, 1900.

Plusieurs observations de ma pratique ont servi de base à ce travail.

Dans deux d'entre elles il fallut réséquer l'os malaire et une grande étendue des parois orbitaires; ce fut à l'aide d'un lambeau comprenant les téguments des régions parotidienne et sous-maxillaire que la perte de substance put être réparée. Dans un autre cas il fallut supprimer le pavillon de l'oreille et une large étendue des parties voisines du cuir chevelu. Un lambeau cervico-sous-maxillaire combla cette large plaie. Les poils implantés dans ce lambeau n'ayant rien perdu de leur vitalité font actuellement partie de la chevelure, et contribuent à masquer la difformité résultant de la perte du pavillon de l'oreille. Dans d'autres cas c'est à l'aide de lambeaux prélevés sur le front que la perte de substance a été réparée.

J'insiste sur les indications de l'autoplastie secondaire, sur les décollements considérables que l'on peut se permettre vis-à-vis des téguments de la face et qui dispensent souvent de tailler des lambeaux proprement dits, et donne un grand nombre de schémas indiquant la technique suivie pour chaque cas particulier.

4. **Lupus de la région sus-hyoïdienne traités par l'extirpation.** — *Bulletins de la Société anatomique*, 19 octobre 1900.

Le lupus est une tuberculose à la fois bénigne et très rebelle. Quand il siège exclusivement sur la peau, qu'il est circonscrit, d'étendue modérée, et respecte les orifices, le traitement chirurgical peut donner des résultats remarquables à condition que l'extirpation soit complète, et que la plaie soit immédiatement réparée. La guérison est alors obtenue avec une rapidité qui contraste avec l'extrême lenteur de l'amélioration que procurent les procédés de scarification, cautérisation, etc. ; elle est infiniment plus stable ; enfin, au point de vue esthétique, si l'on n'approche pas toujours de l'idéal, on embellit ces malades très suffisamment pour les contenter.

Comme exemple je cite deux cas de lupus couvrant toute la région sus-hyoïdienne. La question de chirurgie réparatrice double toujours celle d'extirpation.

Pour combler cette plaie, je décollai les téguments de la partie antérieure du cou, dans toute la hauteur de la région sous-hyoïdienne, jusqu'à la fourchette sternale, la peau mobilisée et flottante fut remontée sous la mâchoire, et suturée à la lèvre supérieure de la plaie préalablement décollée et mobilisée elle-même.

Il résulte de cette manière de procéder que l'opération est rapide, car on n'a ni lambeaux à tailler, ni sutures nombreuses à appliquer ; et que la cicatrice est réduite au minimum.

La vitalité de cette peau décollée n'est pas compromise, car sa nutrition est assurée par sa continuité avec les téguments voisins ; elle reçoit du sang presque de tous côtés, contrairement aux lambeaux qui n'en reçoivent que par un pédicule.

L'espace mort qui pourrait persister entre la partie moyenne de la peau remontée et le plan aponévrotique doit être drainé avec grand soin à l'aide d'un drain placé verticalement, fixé par sa tête aux muscles digastriques et sortant par une contre-ouverture pratiquée au point le plus déclive.

La réunion doit être obtenue d'emblée et sur toute l'étendue de la suture en demi-cercle ; autrement le résultat ne répondrait en rien à ce que l'on attend et à ce que l'on peut obtenir. Il est donc indispensable, non seulement de prendre les mesures habituelles contre l'infection et d'empêcher par le drainage toute stagnation de liquide, mais encore d'éviter les tiraillements de la ligne de suture. Pour cela il est bon : 1° de décoller très loin, jusqu'à ce qu'on ait au moins la quantité suffisante sans avoir à exercer de traction ; 2° de maintenir la tête fléchie pendant quelques jours.

Non seulement l'infiltration cocaïnique est largement suffisante pour mener à bien l'intervention ; mais elle offre certains avantages, car l'opéré, à la fin, peut aider le chirurgien en fléchissant la tête pendant les sutures et surtout pendant le pansement.

5. **Épithélioma du pavillon de l'oreille développé sur la cicatrice d'un lupus**. — *Bulletins de la Société anatomique*, 11 janvier 1901.

6. **Sarcome mélanique développé sur un nævus.** — *Bulletins de la Société anatomique*, 21 janvier 1898, et *ibid.*, juin 1898.

7. **Tumeur parasitaire de la plante du pied.** — *Bulletins de la Société anatomique*, 1899.

Cas qui a été le point de départ de l'intéressant travail de M. Milian sur les sporozooses humaines.

8. **Lipome du périnée**. — *Bulletins de la Société anatomique*, 1899.

7° — Crâne.

1. **Fracture du crâne. Disjonction de la suture fronto-pariétale. Déchirure du sinus longitudinal supérieur.** (Th. Luys.)

2. **Fracture du crâne. Déchirure du sinus latéral.** (Th. Luys.)

3. **Fracture du crâne par enfoncement. Plaie du sinus longitudinal supérieur.** In Th. Luys, Paris, 1900.

4. **Fracture du crâne.** — Mars 1896. *Société anatomique.*

La base se séparait en deux morceaux, l'un antérieur auquel restait appendu le massif facial, l'autre postérieur demeurant fixé sur la colonne rachidienne.

5. **Violent traumatisme crânien chez un enfant. Fracture du temporal et disjonction de la suture écailleuse temporo-pariéto-sphénoïdale. Hématome sous-péricrânien et intra-crânien. Trépanation. Guérison.** — *Académie de médecine,* juillet 1899; *Gazette des hôpitaux,* 22 juillet 1899.

Les traumatismes crâniens présentent chez l'enfant une physionomie particulière. Les os, unis d'une manière moins intime, sont susceptibles de se séparer à leurs points de contact. La marche des traits de fracture, leur irradiation de la voûte à la base ne sont pas rigoureusement applicables au crâne de l'enfant.

Le petit malade que j'ai présenté à l'Académie est un exemple. Le temporal a été brisé transversalement à la partie inférieure de sa portion écailleuse, et toute la suture écailleuse a été disjointe. L'écaille du temporal était ainsi détachée, écartée du reste du crâne. Un hématome extra-crânien communiquait par cette voie avec une collection sanguine intra-crânienne, formant ainsi un épanchement en bissac.

Les sutures se séparent surtout dans les traumatismes à grand fracas, et sont alors des éléments accessoires d'une lésion complexe.

Il n'en était pas ainsi dans notre cas. La disjonction coïncide, au contraire, avec une fracture limitée, et se montre comme l'élément principal de la lésion.

Outre son intérêt anatomo-pathologique, cette observation est encore instructive au point de vue de la conduite à suivre dans ces cas difficiles. Elle montre qu'il peut y avoir grand avantage à intervenir, même quand on n'est pas absolument fixé sur la nature exacte de la lésion, et qu'une incision exploratrice, sans danger en elle-même, peut être opportune pour vérifier ce que l'examen clinique permettait seulement de soupçonner.

6. **Extraction d'une ballelogée dans l'encéphale.**— Présentation à la *Société de chirurgie,* le 12 octobre 1898. Rapport par M. WALTHER, 7 novembre 1900.

7. **Plaie de tête par coup de feu.** — *Bulletins de la Société anatomique,* 28 décembre 1900.

La conduite à tenir dans les plaies de tête par coup de feu ne semble pas encore définitivement fixée, si l'on en juge par la récente discussion de la Société de chirurgie, provoquée précisément par le rapport de M. Walther, sur le court travail qui accompagnait la présentation d'un de mes malades. Je ne saurais m'empêcher de faire remarquer que mes observations viennent tout à fait à l'appui de l'opinion des chirurgiens qui croient utile d'intervenir en pareil cas, c'est-à-dire dans les plaies par revolver du commerce de petit calibre. L'opération, menée *avec prudence,* n'aggrave en rien la situation du malade. Jusqu'à la dure-mère on est parfaitement guidé par les lésions que l'on suit pas à pas. Bien entendu, il faut s'abstenir de toute manœuvre susceptible d'augmenter le traumatisme cérébral, et même de toute exploration dans l'épaisseur de la substance cérébrale quand on ne tombe pas sur un foyer. Dans ces plaies faites par de mauvais revolvers, les balles s'arrêtent quelquefois très superficiellement. Quand on peut ôter un projectile en contact avec la dure-mère ou le cerveau, il est évident qu'il vaut mieux le faire, car le projectile est loin, comme on l'a dit, d'être dans l'espèce une quantité négligeable. Ce corps étranger n'est évidemment pas seul en cause. Les cheveux, les morceaux de peau entraînés dans la profondeur sont des causes d'infection. Ces petits débris septiques sont fort dangereux et il ne saurait être mauvais de débrider ou de drainer le trajet. Suivre les lésions et assurer le drainage est donc tout aussi important, plus important que de chercher le projectile. Dans ces conditions d'intervention primitive, l'extraction est indiquée seulement quand la balle vient se présenter pour ainsi dire d'elle-même. S'il faut chercher longtemps dans la profondeur, ces tentatives seraient plus nuisibles qu'utiles. Ce qu'on fait, c'est surtout une opération de propreté, qui n'est nullement comparable aux interventions tardives ayant pour but exclusif et déterminé l'extraction du projectile logé dans l'épaisseur de l'encéphale.

8. **Tumeur du crâne comprimant le cerveau et déterminant des crises épileptiformes. Extirpation par une large résection crânienne. Guérison.** — *Bulletins de la Société anatomique*, mars 1899.

9. **Sarcome du crâne.** — Présentation à la *Société de chirurgie*, 24 octobre 1900.

Les tumeurs de la paroi crânienne sont peu communes et leur extirpation, quand elles atteignent un certain volume, est pleine de difficultés et d'imprévu. Les connexions profondes du néoplasme, l'étendue de sa portion intra-crânienne, ses rapports avec les méninges et le cerveau sont presque impossibles à préciser. Beaucoup de ces tumeurs sont très vasculaires et l'hémorrhagie opératoire peut être très abondante. Bref, leur ablation est souvent une grave et dangereuse entreprise. L'observation de ma malade contribue cependant à montrer les résultats heureux que l'on peut en pareil cas attendre d'une large intervention.

Il s'agissait d'un sarcome. La tumeur était grosse comme une petite orange et semblait avoir pris naissance dans l'épaisseur du diploé. L'extirpation fut très émouvante. La dure-mère ne fut cependant pas ouverte. La perte de substance du crâne est grande comme la paume de la main. L'opération a été suivie du plus heureux résultat. La malade, opérée le 1er mars 1899, a pu être présentée à la Société de chirurgie le 24 octobre 1900. A l'heure actuelle, sa santé est encore excellente, plus de deux ans après l'intervention.

10. **Sarcome périostique du frontal chez un petit garçon de huit ans (sarcome globo-cellulaire).** — *Bulletins de la Société anatomique*, novembre 1899.

L'extirpation de la tumeur a été faite avec succès; mais le petit malade n'a pu être suivi.

11. **Ostéomyélite traumatique du pariétal chez un enfant.** — *Bulletins de la Société anatomique*, 28 décembre 1900.

Chez un individu infecté ou en puissance d'infection, le traumatisme agissant sur un os peut déterminer dans cet os l'apparition de phénomènes inflammatoires qui rentrent dans le vaste groupe des ostéomyélites, et cela même quand il n'existe pas de plaie extérieure au niveau du point contus. Le traumatisme agit comme cause déterminante, appelle et localise une infection venue d'un autre point de l'organisme. C'est ce qui s'est passé chez le petit malade qui fait l'objet de mon observation.

12. **Nécrose syphilitique du crâne.** — *Bulletins de la Société anatomique*, 16 novembre 1900.

8° — Rachis.

1. **Luxation ancienne de l'atlas sur l'axis.** — *Bulletins de la Société anatomique*, janvier 1896.

Le déplacement est tel que la partie moyenne de l'arc antérieur de l'atlas se trouve à droite de l'apophyse transverse de l'axis, et le déplacement antérieur si considérable que l'arc postérieur de l'atlas vient appuyer contre la base de l'apophyse odontoïde.

Cette dernière, autrefois brisée, présente une direction oblique

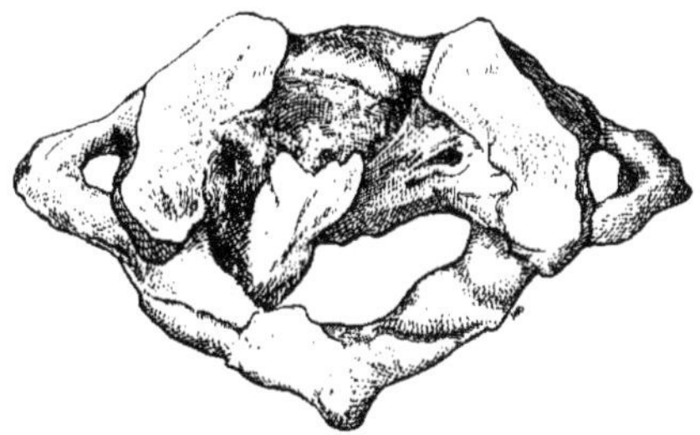

en avant et à droite. Il n'existe plus entre le corps de l'axis et

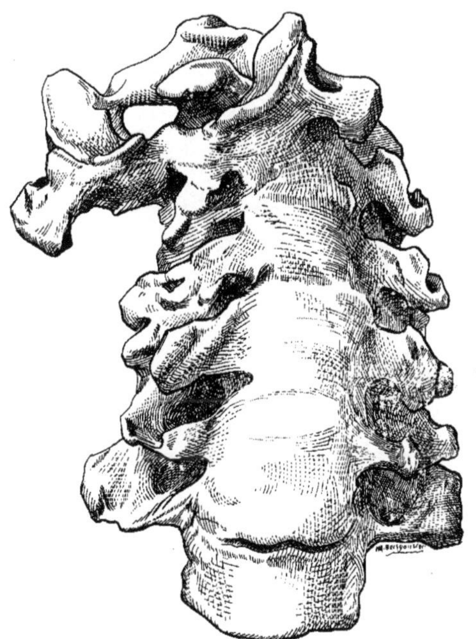

l'arc postérieur de l'atlas qu'une fente allongée transversalement, où l'on peut à peine introduire le bout du petit doigt, et cet espace était encore rétréci par les méninges.

La moelle était obligée de suivre un trajet très oblique pour gagner le canal de la 2e vertèbre.

Il s'agit d'une luxation traumatique très ancienne.

2. **Diastasis des vertèbres cervicales.** — *Bulletins de la Société anatomique*, octobre 1898.

Le blessé mourut en vingt-quatre heures, après avoir présenté une paralysie des quatre membres, de la vessie et du sphincter anal, et une élévation considérable de la température.

L'apophyse articulaire inférieure gauche de la 4e cervicale est brisée. Le disque qui sépare les corps des 4e et 5e vertèbres du cou est en partie désinséré de la 4e. Les autres ligaments sont aussi partiellement déchirés ; les ligaments jaunes sont les moins éprouvés, en raison de leur élasticité.

Le très léger déplacement des deux vertèbres au moment de l'accident a suffi pour contusionner la moelle et amener rapidement la mort.

Les mouvements de rotation du cou étaient conservés et même s'effectuaient spontanément avec une grande facilité.

3. **Traumatismes du rachis cervical.** — *Bulletins de la Société anatomique*, mai 1899.

Le segment supérieur du rachis diffère des portions sous-jacentes par la mobilité relative de ses pièces constituantes. De là une tendance au déplacement qu'on retrouve dans presque tous les traumatismes graves de cette région du rachis.

Un de mes malades a guéri d'une *fracture de l'axis*. L'intérêt de ce cas est très grand, bien qu'en l'absence du contrôle nécropsique on ne puisse être fixé d'une manière absolument rigoureuse sur le détail des lésions.

Chez un autre, j'ai pu réduire, au 35e jour, une luxation de l'atlas sur l'axis.

La mort sinon immédiate, du moins très rapide, est la conséquence ordinaire des luxations des vertèbres cervicales non réduites, du moins des bilatérales. Mon dernier malade, atteint d'une luxation de la 6e sur la 7e, a survécu longtemps à son accident. Mais il était demeuré presque complètement impotent, et dans l'espoir d'améliorer son état je lui ai fait une lamnectomie dont le résultat a été malheureux, bien que le traumatisme opératoire eût été réduit au minimum.

La gravité de telles interventions, ne suffit point pour les repousser, car elles constituent la ressource suprême de ces pauvres infirmes. La seule espérance est de supprimer la compression de la moelle. Cette indication, logique et simple en théorie, n'est pas toujours d'une application facile. Que faire de mieux cependant que d'essayer de la réaliser ?

4. **Des abcès migrateurs devenus autonomes.** — *Gazette des hôpitaux*, 17 avril 1900.

Chez certains sujets l'abcès migrateur du mal de Pott peut s'isoler de la lésion vertébrale plus ou moins guérie. La collection, devenue autonome, n'est plus qu'un abcès froid des parties molles, et ce détail, simple en apparence, est en réalité d'une importance considérable.

Il ne s'agit que des collections qui, séparées de leur point de départ, continuent à progresser : ils guérissent d'un côté et progressent de l'autre. J'étudie l'historique de cette question depuis Abernethy qui semble avoir décrit, le premier, cette disposition ; puis le diagnostic toujours délicat et, enfin, le traitement. Contrairement aux abcès pottiques vulgaires, ceux-ci peuvent être l'objet d'interventions utiles, suivies d'une prompte guérison.

9° — Bouche. — Face. — Glandes salivaires.

1. **Articles « Bouche (lèvres, joue, langue, plancher de la bouche) ; Glandes salivaires »**, dans *Traité de chirurgie*, de Le Dentu et Pierre Delbet, t. VI.

2. **Pathogénie de la grenouillette sus-hyoïdienne.** — *Gazette des hôpitaux*, 8 mai 1897.

La doctrine, qui faisait naître la grenouillette sus-hyoïdienne aux dépens de la glande sous-maxillaire, était encore la plus répandue quand parut en 1879 le travail de Cadiot. Voici, pour Cadiot et son maître, Gosselin, comment se produit la grenouillette sus-hyoïdienne dans le cas le plus commun, celui dans lequel la tumeur a été précédée d'une grenouillette sublinguale, et dépend en réalité de la glande sublinguale : le kyste primitif, sublingual, s'ouvre spontanément ou devient l'objet d'interventions diverses. Il se produit sous ces diverses influences un travail d'inflammation chronique qui augmente la résistance de la muqueuse du plancher buccal, l'épaissit et lui donne finalement une rigidité telle que cette membrane oppose un obstacle infranchissable au développement du kyste. Aussi ce dernier, ne pouvant lutter contre cette résistance, effondre le mylo-hyoïdien, en écarte les fibres, et, passant par un interstice du muscle, vient se montrer à la région sus-hyoïdienne.

Cette théorie de la migration du kyste est en rapport avec ce fait, bien établi par la clinique, qu'une tumeur sublinguale a

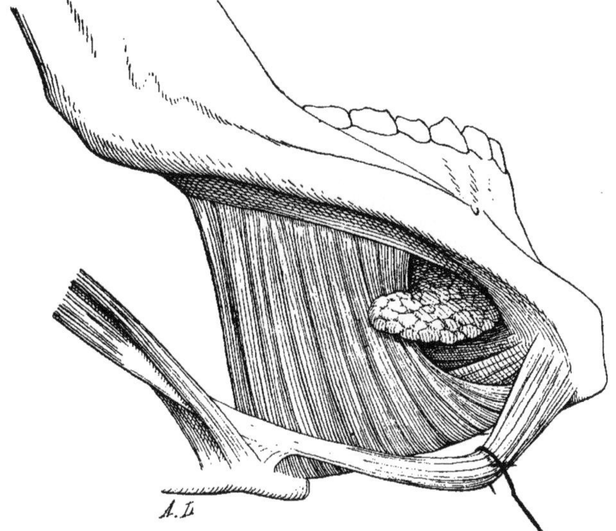

Prolongement de la glande sublinguale au-dessous du muscle mylo-hyoïdien. (*Bulletins de la Société anatomique*, 1897.)

précédé la tumeur sus-hyoïdienne. Cependant aucune constatation anatomique ne pouvait encore donner une base sérieuse à cette interprétation. La remarquable observation de Dieu vint prouver qu'il s'agissait bien d'un kyste en bissac, étranglé à sa partie moyenne par une boutonnière musculaire.

Cependant la manière dont s'effectue ce passage à travers les fibres musculaires, et les conditions qui le favorisent, présentaient encore une certaine obscurité. Quelques recherches entreprises à ce sujet m'ont fait connaître un détail anatomique, généralement omis dans les traités classiques, qui m'a paru en fournir une explication assez satisfaisante (1). Chez un grand nombre de sujets, les glandes sublinguales envoient normalement à travers le muscle mylo-hyoïdien des prolongements, parfois volumineux, en conti-

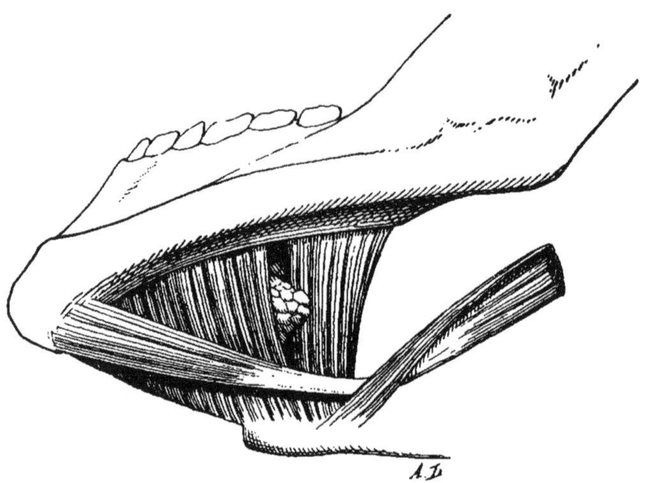

nuité avec le reste de la glande. Chez ces sujets, les glandes sublinguales sont pour ainsi dire en sablier, une portion étant située au-dessus, une autre au-dessous du plan musculaire mylo-hyoïdien. Une grenouillette développée dans une de ces glandes évoluerait forcément dans les deux sens et serait d'emblée une grenouillette en bissac. La situation immédiatement sous-muqueuse de la partie supérieure fait qu'elle se développe plus librement, plus vite, et qu'elle est plus aisément reconnue que l'inférieure, moins volumineuse et voilée par des parties molles relativement épaisses.

Mais qu'un obstacle vienne contrarier le développement par

(1) MORESTIN. *Gaz. des hôp.*, 1897, et *Bulletins de la Société anatomique*, 1897.

en haut du kyste, et sa partic inférieure deviendra prédominante, s'étendant de plus en plus vers la région sus-hyoïdienne.

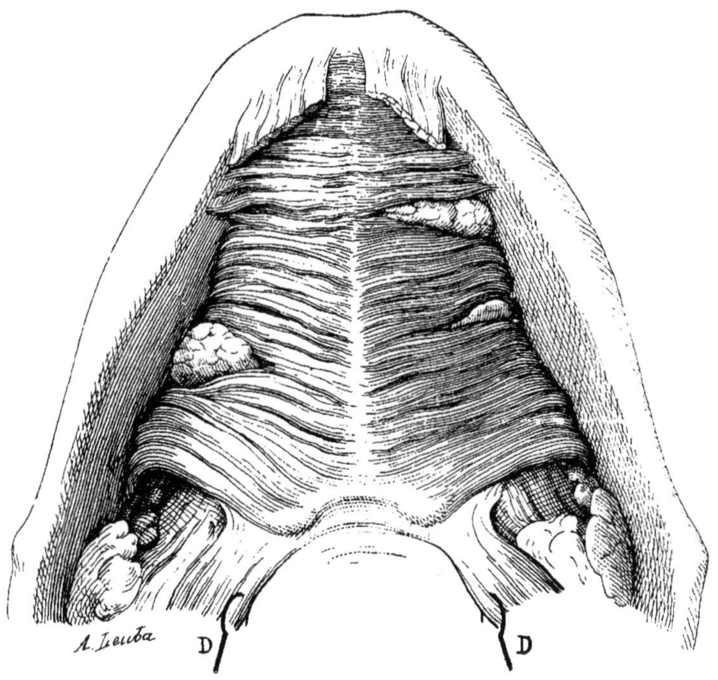

3. **Épithélioma de la face interne de la joue propagé au maxillaire. Abcès sous-périostique au voisinage du cancer. Résection de la mâchoire inférieure. Opération autoplastique secondaire.** — *Bulletins de la Société anatomique*, octobre 1899.

4. **Cancer de la commissure labiale et de la joue.** — *Bulletins de la Société anatomique*, 27 juillet 1900.

5. **Cancer de la joue.** — *Journal des praticiens*, 1er septembre 1900.

6. **Le cancer de la joue**. — *Congrès de 1900.*

La partie déclive du vestibule buccal, le cul-de-sac gingivo-génien, est le point de départ habituel de la lésion. Même quand celle-ci est très étendue, on arrive à établir que c'est là que la maladie a commencé. Ce n'est qu'un détail, mais il a une grosse importance.

Née en ce point, la lésion épithéliale remonte d'une part à la face interne de la joue, de l'autre envahit la muqueuse qui recouvre la portion alvéolaire du maxillaire. De très bonne heure, dès le principe pour ainsi dire, la tumeur adhère à cet os, se propage à la gencive et au périoste.

Le cancer gagne rapidement les voies lymphatiques, et les ganglions sous-maxillaires sont engorgés d'une façon précoce. Ils se fusionnent entre eux et avec la glande sous-maxillaire et adhèrent aussi de bonne heure à la mâchoire, dans la partie qui répond à la loge sous-maxillaire. Quand la maladie évolue depuis quelques mois, il se forme ainsi un bloc cancéreux périmaxillaire, enveloppant la face externe, le bord inférieur et une partie de la face interne de cet os.

L'anatomie pathologique explique la plupart des particularités cliniques.

Si la plupart des néoplasmes présentent à leur début une indolence presque funeste, le cancer de la joue présente ce caractère pendant fort longtemps, parfois même toute la durée de son évolution, en, raison de l'absence de nerf sensitif important dans la région occupée par le néoplasme.

Les signes fonctionnels sont aussi bien moins accusés que dans les autres cancers de la bouche.

Ainsi l'élocution, sans être facile, est possible ; de même la déglutition, le plancher buccal ayant gardé sa souplesse. Un autre point remarquable est la possibilité pour le malade de conserver le jeu des mâchoires, ce qui tient d'une part à ce que la partie supérieure de la joue n'est pas envahie, en second lieu à ce que le masséter est généralement respecté, et enfin à l'indolence.

Le mécanisme de la perforation génienne est en général complexe, et les infections secondaires entrent pour une bonne part dans cette complication.

Les phénomènes inflammatoires sont, en effet, communs au cours du cancer de la joue. Ce sont eux parfois qui attirent l'attention de ce côté et relèvent sa présence. Il arrive aussi qu'ils la détournent, et que l'on traite l'affection aiguë secondaire, sans en avoir soupçonné le point de départ.

Outre qu'elle indique un envahissement déjà très étendu, la perforation est une source d'affaiblissement et de déchéance, à cause de la déperdition constante de salive.

Le canal de Sténon vient s'ouvrir au milieu des végétations cancéreuses, ou tout à côté de l'ulcération. C'est un fait remarquable qu'il ne se produise point, dans de telles conditions, des infections ascendantes du conduit excréteur et de la parotide.

De bonne heure le cancer de la joue échappe à la médecine opératoire utile.

En général, on sera conduit à enlever en bloc : maxillaire, tumeur génienne et masse ganglionnaire sous-maxillaire. La technique que j'ai adoptée dans les cas de ce genre est la suivante :

1° Tracer deux longues incisions cutanées partant soit de la commissure labiale, soit l'une de la lèvre supérieure, l'autre de l'inférieure, suivant que leur angle de réunion est ou non respecté, et allant se terminer au-devant du sterno-mastoïdien à la hauteur de la grande corne de l'hyoïde. Leur trajet est variable ; elles sont plus ou moins distantes l'une de l'autre selon l'étendue des téguments qu'il faudra sacrifier ;

2° Attaquer la tumeur cancéreuse par la région sous-maxillaire. La masse formée par les ganglions et la glande est libérée par dissection, en arrière, en bas et en dedans. L'artère faciale est sectionnée après avoir été vue et pincée préventivement, ainsi que la veine faciale. La masse est laissée appendue au maxillaire, mais séparée soigneusement du plan profond, hyo-glosse, grand hypoglosse et veines. Le digastrique, le mylo-hyoïdien sont à nu dans la plaie; l'artère sous-mentale a été vue, pincée et sectionnée ;

3° Dissection de la peau sur la lèvre supérieure de la plaie d'en haut. Section antéro-postérieure des plans profonds de la joue au-dessus de la tumeur, libération de l'attache inférieure du masséter ;

4° Le maxillaire est scié en avant, plus ou moins près de la ligne médiane.

Généralement les lésions obligent à reporter cette section jusqu'à la hauteur de l'incisive latérale ;

5° Le maxillaire est alors porté en dehors, et le plancher buccal sectionné d'avant en arrière ;

6° Section à la scie de la branche montante dans le sens antéro-postérieur, au-dessus du plan formé par la surface libre des couronnes dentaires ;

7° Pincement de la dentaire inférieure à son entrée dans le canal osseux. Il faut la saisir avant de détacher le maxillaire ; l'on ne voit pas saigner l'artère ;

8° Les insertions du ptérygoïdien interne sont alors coupées, et le bloc cancéreux est extirpé d'une seule pièce ;

9° La muqueuse conservée du plancher buccal est décollée, libérée jusque sur la langue, et relevée en haut, fixée par des sutures à la tranche de section de la bande restante de muqueuse génienne. On arrive ainsi habituellement à faire une paroi muqueuse presque complète ;

10° Il faut sur ce plan muqueux mettre un plan cutané. Le rapprochement des lèvres de la plaie peut suffire en raison du vide créé par la perte de substance de la mâchoire, si l'on n'a pas trop sacrifié de peau. Dans le cas contraire, il suffit parfois de décoller la peau sur la joue et vers le cou pour qu'elle prête et se laisse suturer. Au besoin, des incisions libératrices facilitent grandement ces déplacements. Autrement il faut recourir aux lambeaux proprement dits.

7. **Cancers, simultanés et indépendants, de la lèvre et de la joue.** — *Bulletins de la Société anatomique*, 26 octobre 1900.

Dans ce cas, sur la même muqueuse évoluaient simultanément

deux tumeurs distinctes, deux cancers primitifs indépendants l'un de l'autre.

Les deux cancers sont contemporains; ils ont pris naissance aux dépens de plaques différentes de leucoplasie, et ont évolué chacun pour leur propre compte. Mais c'est l'état préalable de la muqueuse qui explique clairement cette double localisation. Elle est partout modifiée, préparée, et rien de surprenant que le cancer y pousse en deux points différents. La stomatite chronique à tendance leucoplasique rattache donc à leur origine ces deux productions distinctes.

8. **Cancers à point de départ gingival**. — *Bulletins de la Société anatomique*, 26 octobre 1900.

Toute cause d'irritation peut servir de cause déterminante. De nos trois malades deux sont édentés, et la fatique de la gencive par la mastication a pu jouer un certain rôle.

En général les cancers buccaux ont tendance soit à végéter, soit à creuser : ce sont des tumeurs ulcérées. Ici il n'y avait à proprement parler, pas de tumeur, et en racontant l'histoire de mes malades j'ai dû forcément me servir des expressions surface ulcérée, plaque ulcérée, ulcération. C'est qu'en effet cliniquement l'ulcère était tout, le mal semblait finir à la mince bordure formant un léger relief. Le fond plat, sec, granuleux, est peu comparable aux ulcérations profondes, anfractueuses, cratériformes, chargées de détritus sphacéliques des cancers vulgaires de la langue ou de la joue. Bref, il y a objectivement autant de différence entre cet ulcère plat et les cancers communs de la bouche qu'entre les cancroïdes cutanés et les épithéliomas végétants.

Chez certains sujets la grande cavité aérienne du maxillaire supérieur peut être aisément envahie par les propagations néoplasiques; celles-ci trouvent dans les alvéoles, ou les débris de ces logettes quand les dents sont perdues, des voies d'accès qui les conduisent dans la profondeur.

Ces tumeurs n'ont rien à voir avec les épithéliomas qui prennent naissance aux dépens des débris épithéliaux paradentaires. Leur point de départ est l'épithélium pavimenteux qui revêt la gencive.

9. **Cancer du frein de la langue et du plancher de la bouche. Extirpation par la voie sous-maxillaire.** — *Bulletins de la Société anatomique*, juin 1899.

10. **Cancer du plancher de la bouche.** — *Bulletins de la Société anatomique*, 26 octobre 1900.

11. **Cancer du plancher de la bouche.** — *Bulletins de la Société anatomique*, 21 décembre 1900.

J'ai attiré l'attention : 1° sur les résultats de l'examen histologique ; 2° sur l'emploi de la voie sous-hyoïdienne pour extirper ces lésions.

1° Verneuil avait affirmé autrefois que le cancer du plancher de la bouche avait pour point de départ habituel la glande sublinguale. cette opinion devint classique et se trouve exposée dans une série de thèses et même dans des traités récents.

Elle n'est cependant pas soutenable et l'on établit sans peine, par l'examen des pièces, que la lésion part des couches profondes du revêtement épithélial de la muqueuse du plancher, et que, si les glandes ont à souffrir de ce voisinage, elles n'y sont pour rien.

Ce fait est la règle générale pour les cancers de la bouche. La muqueuse buccale est richement pourvue de glandes salivaires, et pourtant les épithéliomas qui se développent aux dépens de ces glandules sont tout à fait exceptionnels, au lieu que ceux qui partent de la muqueuse elle-même sont extrêmement fréquents. Le plancher de la bouche est en cela comparable aux autres parois de la cavité buccale, et ses glandes ne fournissent qu'une faible proportion des tumeurs malignes qu'on y observe.

2° La voie sus-hyoïdienne uni ou bilatérale, sans section du maxillaire, ni des attaches de la langue, est suffisante pour l'extirpation d'un grand nombre de cancers du plancher de la bouche.

L'intervention peut être menée avec méthode, sans que rien soit laissé à l'imprévu. On commence par enlever la glande sous-maxillaire et les ganglions correspondants ; puis, on ouvre la muqueuse après avoir sectionné le ventre antérieur du digastrique et le mylo-hyoïdien. La facilité plus ou moins grande avec laquelle la langue se laisse luxer au dehors est proportionnelle à l'étendue de la tumeur et au degré d'infiltration du plancher. Si la mobilité est conservée, on peut faire une très bonne opération. On a sous les yeux la langue renversée, son frein, une partie de la muqueuse du plancher. D'ailleurs aucune hémorrhagie n'est inquiétante, le sang coule à l'extérieur et sous nos yeux.

Je joins maintenant le curage préventif de la région carotidienne à l'évidement du creux sous-maxillaire et de même pour les cancers latéraux de la langue, non de toute la région carotidienne, mais de sa partie moyenne. Là se trouve un confluent lymphatique qui est la pierre d'achoppement dans le traitement de presque tous les cancers buccaux ou bucco-pharyngés. C'est là qu'il faut agir pour assurer l'avenir des opérés.

Quand le cancer du plancher est assez étendu, ou médian, et que les deux côtés sont suspects, je pense qu'il faut faire à droite et à gauche l'évidement de la loge sous-maxillaire et commencer par là. D'un côté, ce sera tout ; par l'autre, on achèvera l'opération. Il est préferable de ne couper qu'un seul des digastriques et de n'inciser qu'une seule fois la sangle mylo- hyoïdienne.

Quand la tumeur envahit la gencive, il faut joindre à l'opération sus-hyoïdienne un temps buccal, consistant dans la suppression de toute la portion alvéolaire du maxillaire. On peut être relativement conservateur vis-à-vis de cet os, dont la résection proprement dite doit être, à notre avis, réservée aux tout à fait mauvais.

J'ai fait remarquer encore l'absence de toute infection du côté du canal de Wharton et l'intégrité des glandes sous-maxillaires, malgré toutes les causes qui sembleraient devoir rendre cette infection presque inéluctable.

J'insiste en outre sur le rôle de l'espace celluleux sublingual, sur la diffusion des lésions. L'envahissement de cet espace est accusé par deux signes, la douleur résultant de l'altération des filets du lingual et la rigidité du plancher entraînant la diminution ou la perte de la mobilité de la langue avec ses conséquences au point de vue de la phonation et de la déglutition.

12. **Ostéomyélite du maxillaire inférieur**. — *Bulletins de la Société anatomique*, janvier 1901.

Dans la plupart de nos livres, la description de l'ostéomyélite des maxillaires est fractionnée, et l'on étudie dans des chapitres

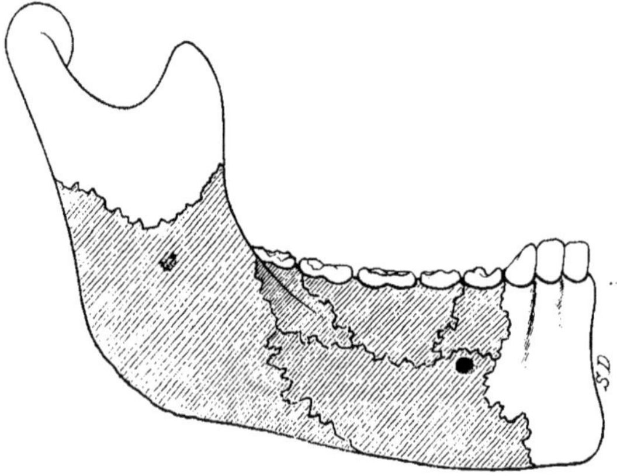

Fig. 1.

distincts l'ostéite, l'ostéo-périostite et les diverses nécroses. Or il y a grand avantage à grouper tout ce qui se rapporte à l'inflammation aiguë de l'os, sous ce terme d'ostéomyélite, en lui donnant l'acception généralement acceptée aujourd'hui. L'ostéite suppurée, l'ostéo-périostite, la nécrose aiguë, tout cela c'est de l'ostéomyélite.

Deux de mes observations se rapportent à l'ostéomyélite aiguë;

la dernière montre la maladie arrivée à une phase lointaine. Là comme ailleurs, la guérison de la crise première n'est souvent qu'apparente. Tout n'est pas fini, et l'affection comporte des suites tardives qui en assombrissent le pronostic.

Dans le premier cas, après avoir mis, pendant quatre semaines, la malade dans un état grave, l'affection a déterminé la perte de près d'une moitié de la mâchoire.

Dans mon deuxième cas, la situation n'a pas été moins inquiétante. Je dus enlever un gros séquestre comprenant toute la

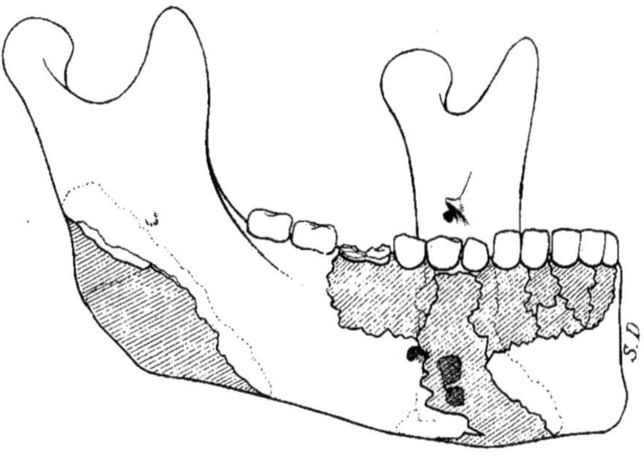

Fig. 2.

hauteur du maxillaire et toute son épaisseur sur une étendue de 2 centim., et une grande quantité d'autres plus petits (fig. 2). La canine, les deux prémolaires et la première grosse molaire furent enlevées. Elles étaient toutes saines et pourvues de racines d'une solidité extrême, sauf la dernière qui était cariée.

Malgré l'intensité des phénomènes généraux et locaux, on reste encore surpris devant l'étendue des parties nécrosées et la rapidité du processus de mortification.

Le rôle du canal dentaire dans la marche de l'ostéo-myélite a été bien mis en évidence par Moty (*Soc. chir.*, 1891) et il est probable que c'est à l'infection portée au centre même de l'os qu'est dû le véritable éclatement présenté par le maxillaire chez notre première malade. Cependant le décollement du périoste et la formation rapide de collections sous-périostiques ont un rôle non moins important. Le canal dentaire se comporte un peu comme le ferait le canal médullaire d'un os long, mais d'autre part le périoste du maxillaire est facilement décollable et ses lésions ont un retentissement fatal sur l'os sous-jacent.

Une intervention précoce, comparable à la trépanation hâtive que l'on pratique sur les os longs, ne pourrait-elle ici limiter le processus destructeur, en jugulant l'inflammation osseuse, en l'arrêtant dans son extension?

Cette question est toute différente de celle de l'intervention dans le cas de nécrose et comme traitement de la nécrose.

Il s'agit précisément de la prévenir, ou de la réduire au minimum, par une opération conservatrice et limitée, parce que précoce, s'adressant directement au foyer du mal, avant que les dégâts ne soient considérables.

Chez mes deux malades j'ai suivi la conduite tracée par nos classiques, attendre autant que possible la séquestration, évacuer les collections, drainer, extraire les séquestres et se garder des résections précoces et typiques.

On peut cependant prévoir tel cas où il serait indiqué de faire sans délai le sacrifice de l'os.

La prothèse pourrait trouver son indication, mais rarement. On agit dans un clapier infect, dont le libre drainage s'impose; le corps étranger peut dès lors devenir bien plus gênant qu'utile, n'être pas toléré.

En outre, il est à peu près impossible de l'appliquer convenablement, quand on fait des opérations atypiques, telles que les ablations de séquestres.

La difformité n'est pas rigoureusement proportionnelle à la perte de substance subie par la mâchoire. Elle dépend en outre du point où siège la solution de continuité, de l'âge du sujet, et, toutes choses égales d'ailleurs, de la durée de la suppuration, du processus de cicatrisation et de la rétraction cicatricielle.

La crise terminée, le malade n'est pas pour cela délivré de la maladie, et il reste exposé à diverses manifestations tardives. Mon troisième cas en est un exemple, et rentre dans le cadre des ostéomyélites prolongées.

Au voisinage de l'ancien foyer se développe sourdement une hyperostose, traduisant une inflammation chronique et lente. Par là encore l'ostéomyélite des mâchoires se rapproche de celle des autres pièces du squelette.

Le nerf dentaire est régulièrement atteint dans les ostéomyélites graves du maxillaire et sa destruction est souvent complète. Dans le cas particulier, l'altération de ce nerf a joué un rôle important dans la symptomatologie. Tout au début ce sont des douleurs occupant son territoire, et irradiées à ses extrémités, qui annoncent la maladie, au point que cette femme souffrait dans la région du menton et de la lèvre, alors que le foyer, le siège réel du mal, était au niveau de la deuxième molaire.

Puis le dentaire se paralyse, le territoire qu'il innerve reste insensible. Enfin tardivement de violentes crises névralgiques ont pour substratum les altérations du nerf, gêné par le développement d'une masse osseuse de nouvelle formation. Ces douleurs sont assez pénibles pour forcer l'attention et fournir, à elles seules, une indication opératoire. La présence de ce tronc nerveux dans l'épaisseur du maxillaire inférieur contribue donc à donner une physionomie spéciale aux ostéomyélites de cet os.

13. **Enchondrome des fosses nasales.** — *Soc. anatomique*, 1888.

14. **Traitement d'un volumineux angiome de la joue et de la région parotidienne**. — *Congrès français de chirurgie*, 18 octobre 1899.

Quand une tumeur érectile peu volumineuse est superficielle ou simplement accessible, le meilleur parti est de l'extirper, et l'on n'a habituellement rien de mieux à faire contre un angiome des membres, du dos ou du cuir chevelu. A la face, ce précepte est déjà contestable, car son application soulève des questions d'esthétique, qui ne sont pas toujours négligeables, en dépit des sutures les plus soignées. Pour les tumeurs volumineuses, étendues, et occupant les plans profonds, cette conduite, très défendable, et même très recommandable, dans les régions où l'on peut

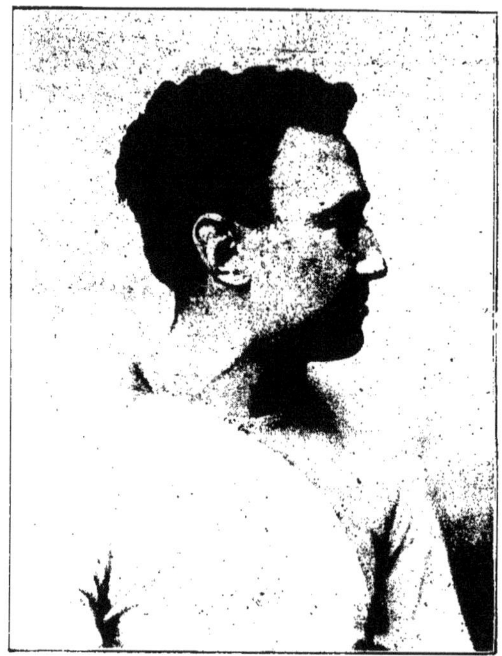

s'aventurer impunément, ne peut plus être adoptée ici d'une manière générale.

Aussi quand M. Lannelongue communiqua à l'Institut les résultats qu'il avait obtenus par l'application de sa méthode sclérogène au traitement d'un vaste angiome de la face et du plancher de la bouche, cette méthode me parut très séduisante, et dans mon article du *Traité de Chirurgie* je la considère comme traitement de choix pour les angiomes de la joue et du plancher de la bouche.

« Cette méthode, disais-je, trouve ici une de ses meilleures applications et doit être placée avant toute autre, car dans des cas aussi graves il n'en est point qui soit susceptible de donner, à si peu de frais, des résultats aussi complets et aussi rapidement acquis. »

Le cas que j'ai communiqué au Congrès de 1899 plaide en faveur de cette opinion :

Il s'agissait d'un angiome pur, angiome profond et de la variété

dite veineuse. Cet angiome occupait toute la joue, la région parotidienne ; se prolongeait par-dessus l'arcade zygomatique vers la tempe et en bas vers la région sus-hyoïdienne.

Après avoir essayé sans aucun résultat l'emploi de la gélatine, je traitai ce jeune homme par les injections de chlorure de zinc, dont le succès fut remarquable.

Je pouvais dire en manière de conclusion : « Voilà un cas d'angiome étendu, et en voie d'extension, occupant des régions éminemment périlleuses, échappant à la médecine opératoire, qui guérit en quelques semaines, sans délabrement, sans cicatrice visible, sans difformité, et cela par une méthode simple et sans danger.

« Je trouve dans ce fait un encouragement à poursuivre dans cette

voie, à renouveler cette tentative, et je pense que nous avons là une ressource utile et consolante dans le traitement d'une affection pour laquelle les efforts les mieux compris et les procédés les plus divers ne nous donnent, jusqu'ici, que l'à peu près, comme résultat le plus enviable. Cet à peu près, il me semble l'avoir obtenu mieux, plus rapidement, à moins de frais, par la méthode sclérogène, qu'on ne l'eût fait par toute autre. »

J'ajoute que maintenant encore l'état du malade est très satis-

faisant et qu'il n'y a jamais eu lieu de faire suivre un traitement complémentaire.

15. **Tumeur salivaire parotidienne.** — *XIIIe Congrès international de médecine, Paris, 1900, section de chirurgie.*

Je pense qu'on peut désigner ainsi, à défaut d'un terme meilleur et plus précis, l'affection très rare dont j'ai eu l'occasion d'observer un exemple.

Il y avait chez mon malade une ectasie localisée d'une portion des voies salivaires intra-parotidiennes. Ce n'était pas un kyste, car les kystes sont clos. Ici la poche était en libre communication avec le canal de Sténon. Son contenu refluait dans la bouche sous la pression la plus légère. Ce n'était pas non plus une de ces dilatations liées à l'inflammation chronique, ou entretenues par quelque obstacle, comme on en peut trouver sur tous les conduits excréteurs. Le canal excréteur était sain, ou peu s'en faut, complètement perméable et ne contenait aucun corps étranger. D'autre part, la poche pendant fort longtemps avait été remplie par un liquide purement salivaire. A la longue elle s'était infectée secondairement, et cette complication était inévitable.

J'ai eu la bonne fortune d'obtenir la guérison complète de mon malade par d'énergiques cautérisations au chlorure de zinc, après avoir reconnu l'impossibilité d'extirper la poche et l'avoir drainée.

16. **Calcul du canal de Sténon. Sténonite et parotidide. Débridement du canal de Sténon, et extraction du calcul par la bouche.** — *Bulletins de la Société anatomique*, octobre 1899.

Les complications inflammatoires survenant brusquement peuvent induire en erreur, et faire négliger le calcul. Ces faits sont surtout classiques pour les sous-maxillites qu'à plusieurs reprises on a confondues avec des périostites de la mâchoire inférieure.

En pareil cas il se fait une infection ascendante, partie de la cavité buccale, pouvant se localiser au conduit excréteur ou s'étendre jusqu'aux dernières ramifications des voies salivaires. Le calcul a agi comme cause d'appel et favorisé l'infection.

Une parotidite survenant chez un individu sain doit faire songer à un calcul du conduit excréteur. Le cathétérisme du conduit de Sténon suffit à éclairer pleinement à cet égard, et cette manœuvre ne présente ni difficulté, ni danger.

« On remarquera combien tous les signes de cette parotidite ont été améliorés par le débridement du canal de Sténon. L'inflammation étendue jusqu'aux dernières branches des conduits salivaires, arrêtée immédiatement, a rétrocédé avec une très grande rapidité et a disparu finalement sans laisser de trace. L'ouverture large du canal excréteur a amené une sorte de drainage des voies salivaires, qui a modifié de la façon la plus salutaire l'état de la glande. Dans ces conditions, on peut se demander s'il n'y aurait pas lieu, dans certaines parotidites, où l'infection ascendante n'est pas contestable, de tenter quelque chose d'analogue. Au lieu d'attendre passivement soit la résolution, soit la suppuration, n'y aurait-il pas quelque bénéfice à tirer du débridement inoffensif du canal de Sténon, pratiqué la voie buccale ? »

17. **Calcul salivaire du canal de Wharton.** — *Bulletins de la Société anatomique*, 16 mars 1900.

18. **Kyste hydatique de la parotide.**— *Bulletins de la Société anatomique*, février 1899.

10° — Pharynx.

(CORPS ÉTRANGERS INTRODUITS PAR LA BOUCHE DANS LES VOIES DIGESTIVES.)

1. Articles **Pharynx. Voile du palais, Amygdale.** — In *Traité de chirurgie*, de LE DENTU et DELBET.

2. **Deux cas de rétrécissement du pharynx.** — Communication à la *Société de chirurgie*, 23 janvier 1901.

L'un de ces deux malades était atteint d'un rétrécissement du type supérieur, dont la figure 1 donne une idée assez exacte. Les adhérences du voile à la paroi postérieure du pharynx étaient très étendues et très complexes. Cependant il persistait un orifice étroit mais suffisant pour la respiration. Seule la production polypiforme, débris de la luette, était gênante et dut être excisée.

Le 2e cas, comme le précédent était imputable à la syphilis, mais d'un type beaucoup plus rare, car il intéressait l'isthme bucco-pharyngien. L'atrésie était considérable, et le bout du petit doigt

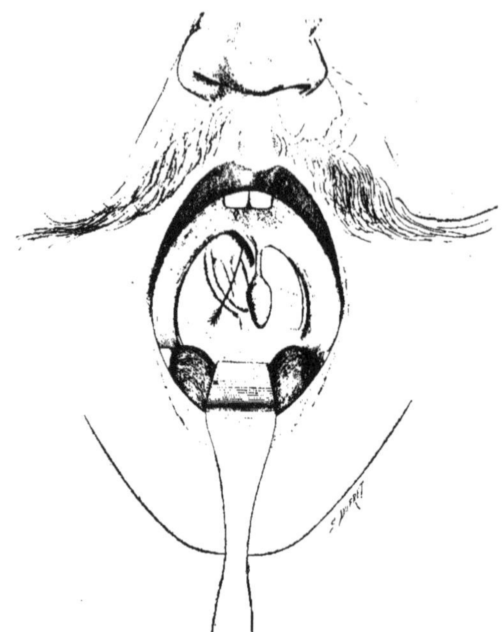

Fig. 1.

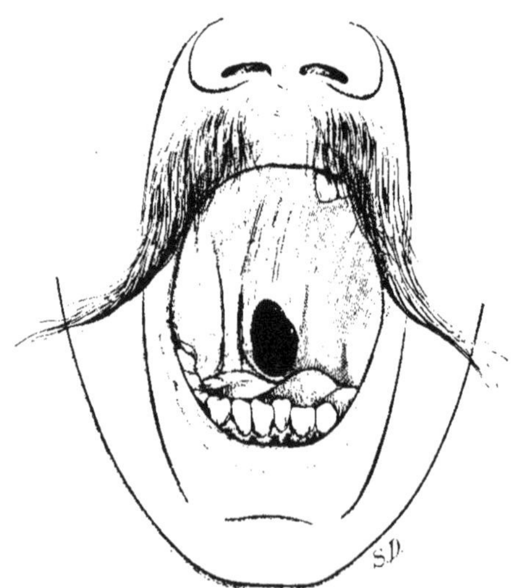

Fig. 2.

franchissait à peine l'orifice. Les deux figures montrent le gosier avant et après l'intervention. Celle-ci a consisté dans le débridement bilatéral de l'orifice, suivi de la suture au fil d'argent des

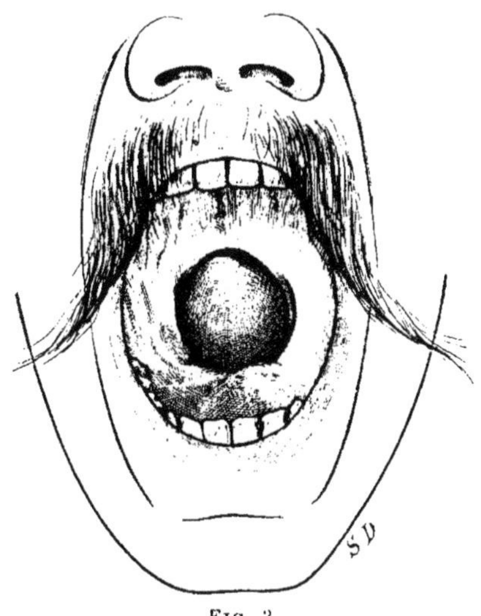

FIG. 3.

tranches de section. Le résultat est magnifique et se maintient, il a été obtenu par la seule opération, qui n'a été suivie d'aucune manœuvre de dilatation.

3. **Os de lapin retiré de la partie inférieure du pharynx.** — *Bulletins de la Société anatomique*, 5 octobre 1900.

4. **Morceau de verre ayant traversé sans accident le tube digestif.** — *Bulletins de la Société anatomique*, 1897.

5. **Râtelier ayant traversé sans accident le tube digestif.** — *Bulletins de la Société anatomique*, 1899.

Des corps étrangers irréguliers et relativement volumineux

peuvent traverser sans encombre le tube digestif. Les exemples de ce genre abondent.

Je peux rappeler, entre autres observations, celle que j'ai publiée en 1897 dans les *Bulletins* de la Société anatomique. Il s'agissait d'une petite fille qui avait avalé un morceau de verre triangulaire, à bords tranchants et à pointes aiguës et qui le rendit sans accident au bout de deux jours, et un autre cas plus récent où une pièce dentaire garnie de crochets aigus se comporta de la même manière.

A l'hôpital Broussais, j'ai fait sur des chiens un grand nombre d'expériences sur ce sujet. Les corps étrangers les plus variés ont été introduits dans l'estomac de ces animaux par la taille stomacale. L'organe recousu était ensuite réduit dans le ventre, dont la paroi était refermée soigneusement.

Ces corps étrangers, épingles, pierres, éponges, cuillers à café, ont été régulièrement éliminés par l'anus.

Il y a donc un très grand nombre de corps étrangers qui peuvent traverser sans inconvénients le tube digestif, et plusieurs faits de mon observation personnelle confirment des notions acquises depuis longtemps. Ces cas où la nature se charge d'exonérer les malades, sans dégâts et sans frais, ne doivent pas être perdus de vue quand il s'agit de poser les indications du traitement opératoire.

6. **Râtelier arrêté dans le pharynx inférieur ; abcès rétropharyngien et bronchopneumonie septique. Ouverture de l'abcès et extraction du corps étranger. Mort par les accidents pulmonaires.** — *Bulletins de la Société anatomique*, avril 1899.

7. **Phlegmon infectieux latéro-pharyngien** — *Bulletins de la Société anatomique*, 16 mars 1900.

Certaines infections à porte d'entrée pharyngienne et frappant le tissu cellulaire et les ganglions du cou au voisinage du pharynx présentent un caractère d'extrême gravité. Ces infections ne pardonnent guère. J'ai observé un de ces cas dont l'évolution a été très rapide et qui s'est terminé, comme il est pour ainsi dire de règle, par la mort de la malade.

L'infection s'était d'ailleurs diffusée très rapidement et la localisation péri-pharyngienne n'était plus qu'un point particulier d'une streptococcie généralisée à tout l'organisme.

11° — Larynx. — Goitre. — Cou.

1. Plaie transversale du larynx au niveau de l'espace thyro-cricoïdien. Suture hermétique du plan musculo-aponévrotique et de la peau. Guérison en huit jours. — *Gazette des hôpitaux*, 6 février 1900.

Un homme s'était fait d'un coup de rasoir une large plaie transversale intercrico-thyroïdienne. La suture hermétique du larynx, complétée par celle des plans superficiels sans trachéotomie, ni tubage, ni drainage, l'a guéri en huit jours.

Les blessures du larynx par instrument tranchant doivent être réparées comme toutes les plaies par diérèse, non infectées, c'est-à-dire par un exact rapprochement des tranches de section. Si cette pratique trouve ici quelques difficultés en raison de la structure de l'organe et de sa fonction aérifère, ces difficultés ne sont point insurmontables, au moins pour un très grand nombre de faits. L'occlusion hermétique du conduit par des sutures méthodiquement appliquées rend vaines les craintes d'emphysème et défend la plaie contre l'infection septique. La restauration des parties molles assure le succès des sutures profondes ; et dans la reconstitution couche par couche de tous les plans de la région, se réalise au mieux le retour de la forme et de la fonction.

Les plaies qui siègent dans la région sous-glottique sont celles qui se prêtent mieux à un affrontement parfait, condition indispensable pour obtenir la réunion primitive. En outre, elles sont plus rarement compliquées d'ouverture du parhynx, ce qui simplifie grandement les conditions. Enfin n'intéressant point les cordes vocales, elles ont plus de chances de ne point laisser de modification permanente de la voix ou de créer des obstacles définitifs à la respiration, si toutefois elles sont promptement fermées.

C'est donc surtout dans ces cas que l'on doit attendre de la suture les résultats satisfaisants qu'elle doit donner.

2. **Rétrécissement du larynx consécutif à une plaie par coup de rasoir, traité par la thyrostricturotomie.** — *Journal de laryngologie de Castex*, janvier 1899.

3. **Abcès prélaryngé d'origine ganglionnaire.** — *Gazette des hôpitaux*, 18 octobre 1900.

Partout où l'on rencontre des ganglions lymphatiques, on peut être assuré qu'ils jouent un rôle dans la pathologie de la région.

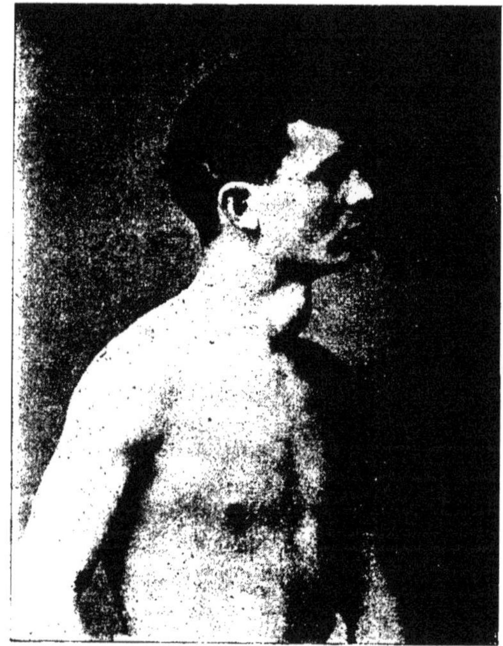

Il suffit que leur présence soit établie, pour que certaines lésions en soient par là même éclairées. Certains abcès prélaryngés sont d'une pathogénie très obscure, si l'on néglige l'organe lymphatique placé dans l'espace crico-thyroïdien. Au contraire, l'existence de ce ganglion en fournit une explication simple autant que vraisemblable.

Comme les autres adénites du cou, cette lésion est susceptible d'évoluer d'une manière bénigne. Sans doute, les conditions sont

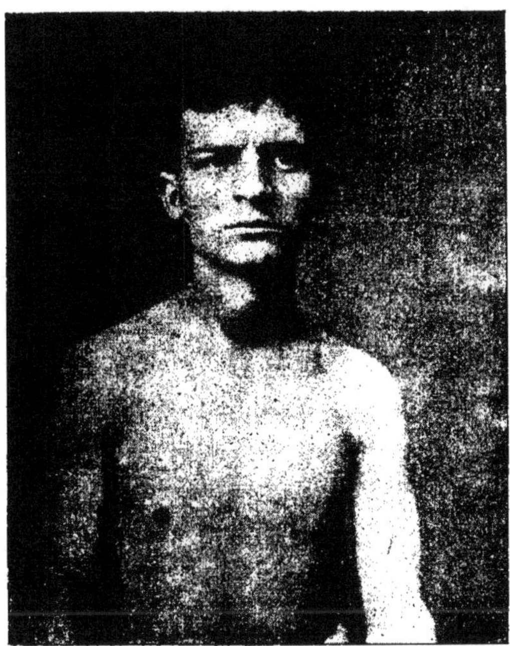

moins favorables, mais c'est déjà beaucoup de savoir que des collections situées au voisinage immédiat du larynx, et résultant d'une infection endolaryngée, ne correspondent pas forcément à une lésion sérieuse de cet organe. Il y a là quelque chose de rassurant qui permet d'entreprendre avec confiance le traitement de ces abcès.

L'intervention chirurgicale nous paraît sinon le traitement nécessaire et applicable à tous les cas, du moins une ressource très sûre et donnant au maximum la probabilité d'une bonne guérison.

4. **Goitre basedowifié.** — *Académie de médecine*, 19 juin 1899 ; *Gazette des hôpitaux*, 27 juin 1899.

5. **Goitre basedowifié.** — *Congrès français de chirurgie*, octobre 1899.

Il n'y a pas de question où il soit plus difficile de ne pas se laisser égarer par les doctrines pathogéniques, qui nous conduisent à des mesures extrêmes et intransigeantes. Aussi est-il nécessaire de ne pas perdre ici de vue l'étiologie ni la clinique.

Or, les cas ne sont pas absolument comparables, et ces goitres qui, à un moment donné, se compliquent d'accidents basedowiens, ne peuvent pas être rattachés purement et simplement au goitre exophtalmique. Il n'y a, au contraire, aucune parité à établir entre ces deux variétés qui demeurent distinctes dans leur marche, et auxquelles on ne saurait appliquer les mêmes règles thérapeutiques.

Les goitres basedowifiés qui d'ailleurs, d'une manière générale, sont considérés comme les cas favorables, les bons cas, redeviendront sans doute un jour les seuls goitres chirurgicaux. Il est certain qu'ils s'offrent au chirurgien dans des conditions autrement satisfaisantes que la plupart des vrais goitres exophtalmiques. Il y a là une lésion locale et définie, point de départ ou prétexte du syndrome basedowien.

La fréquence relative, avec laquelle ce syndrome se montre chez des goitreux, indique qu'il y a là plus qu'une simple coïncidence. Une preuve meilleure en est tirée de la cessation des accidents par l'extirpation de la lésion causale.

Dans notre ignorance à peu près complète des liens mystérieux qui unissent le goitre et le basedowisme secondaire, ce que nous pouvons faire de mieux, c'est de nous attaquer d'abord au goitre. Du moins, il me paraît sage de commencer par là, ne pouvant partager la manière de voir de ceux qui, en pareil cas, laissent la tumeur thyroïdienne pour s'en prendre d'abord au sympathique.

Deux de mes observations montrent le bien fondé de cette pratique et viennent pleinement confirmer les idées soutenues par M. Marie et M. Tillaux.

6. **Sarcome du cou, à début amygdalien.** — *Bulletins de la Société anatomique*, 1893.

Ce cas est intéressant à cause de son début par l'amygdale; de

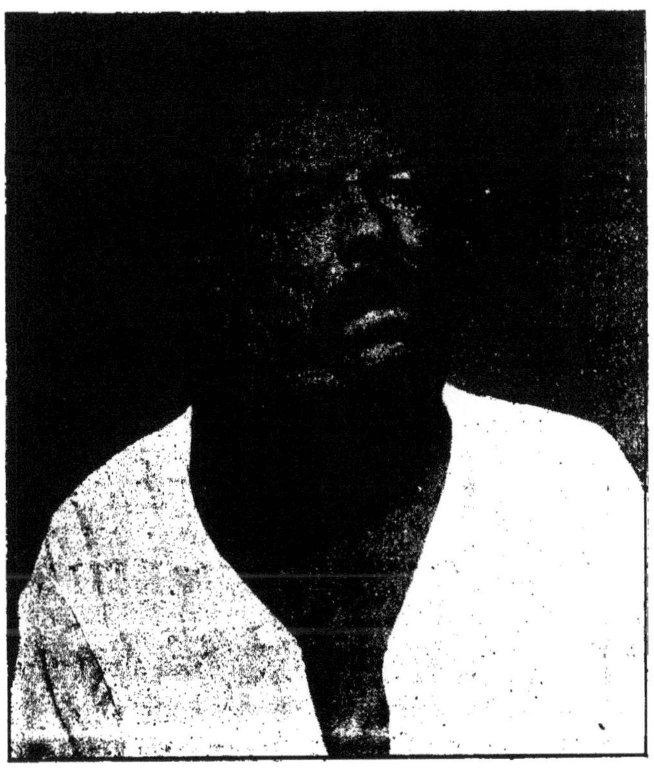

sa structure nettement déterminée, qui permet de considérer la lésion comme un sarcome pur, au lieu que souvent on hésite à mettre une étiquette histologique sur la tumeur; puis en raison de son extension énorme et, enfin, des constatations que nous avons pu faire sur les rapports de cette tumeur avec les organes du cou, les changements des rapports de ces organes entre eux et, enfin, des modifications qu'ils ont subies.

Quand le malade est arrivé à l'hôpital, toute idée d'intervention devait être écartée d'emblée; mais la dissection de la pièce est instructive au point de vue des difficultés et des dangers qu'aurait comportés une opération, même pratiquée beaucoup plus tôt. Il est certain que depuis longtemps le paquet vasculo-nerveux était englobé dans la tumeur, et dissocié, ce qui eût rendu toute extirpation bien laborieuse et singulièrement aléatoire.

7. **Adénopathies tuberculeuses pseudo-lymphadéniques,** in Th. Bouvet. Paris, 1900.

8. **Adénopathie tuberculeuse récidivée et sarcome ganglionnaire,** in Th. Bouvet. Paris, 1900.

Dans ce cas très singulier, il semble que l'on se soit trouvé en présence d'un sarcome greffé sur une vieille adénopathie tuberculeuse. C'est ce qui paraît ressortir de l'examen clinique, de la marche de la maladie et de l'étude histologique faite par M. Letulle.

12° — Thorax.

1. **Plaie de poitrine par coup de couteau. Hémothorax considérable. Intervention in extremis. Mort.** — *Bulletin de la Société anatomique*, décembre 1897.

2. **Hernie diaphragmatique.** — *Bulletins de la Société anatomique*, 1899.

La perforation s'est faite dans un diaphragme déjà complètement développé, dont tous les éléments se retrouvent : les insertions sont conservées, les faisceaux ont leur direction, leur épaisseur, leur aspect habituels, aucune partie ne fait défaut, les fibres sont coupées brusquement, nettement, et, si elles avaient conservé leur élasticité, il semble qu'en les rapprochant on eût réparé la solution de continuité.

L'interprétation qui consiste à voir dans cette lésion une rupture ancienne du diaphragme à son insertion phrénique, paraît extrêmement probable.

La hernie est logée entre le péricarde et la plèvre ; le plus souvent, c'est dans la cavité pleurale même que viennent faire saillie les viscères, pourvus ou non d'un sac péritonéal.

Chez notre homme il s'en était formé un adventice aux dépens du tissu cellulaire.

Schwartz et Rochard ont proposé, la hernie reconnue, de s'ouvrir une voie thoracique, pour l'aborder. Or il est certain que dans notre cas il eût été, sinon impossible, du moins très difficile, d'arriver par l'abdomen à un résultat satisfaisant. Au contraire, par une résection costale on aurait pu arriver rapidement dans le sac, réduire les viscères et aborder l'orifice qui leur livre passage.

3. **Violent traumatisme du thorax. — Fractures multiples de presque toutes les côtes et enfoncement de la paroi thoracique. — Déchirure du poumon. — Emphysème. — Pneumonie traumatique. — Collection hémopneumatique réductible, infectée secondairement. — Mort quasi-subite sept semaines après l'accident.** — *Bulletins de la Société anatomique*, 1899.

On notait au niveau du 2e espace intercostal une tumeur de consistance uniforme et molle, assez bien limitée, quasi-fluctuante, facilement et complètement réductible. Elle disparaissait sous la moindre pression ; la main percevait alors une crépitation qui pouvait être mise sur le compte de l'emphysème qui était à son maximum aux environs de cette saillie. Celle-ci, du volume d'un gros œuf, se réduisait dans le thorax. A la place qu'elle occupait on sentait alors un orifice large de deux travers de doigt, haut de 2 centim., occupant le 2e espace intercostal immédiatement au-dessus de la 2e côte. On pouvait introduire dans cet orifice l'index refoulant la peau. Aussitôt qu'on retirait la main, la tumeur se montrait de nouveau, elle augmentait par l'expiration et surtout par la toux.

C'est une collection en bissac, intra et extra-thoracique. La portion intra-thoracique de la poche était creusée dans le parenchyme du poumon lui-même. Cet organe était soudé à la paroi ; il n'existait plus de cavité pleurale, et le traumatisme avait amené une importante déchirure du poumon. Sur les parois de la poche on voyait encore des tuyaux bronchiques béants, en libre communication avec sa cavité. Cette déchirure du poumon s'était produite indépendamment des fragments costaux qui ne pénétraient point dans le tissu pulmonaire. Il y avait eu soit un éclatement sous la pression excessive, soit une rupture par tiraillement de l'organe fixé par des adhérences.

Ces mêmes adhérences empêchant tout déplacement du poumon, il est certain que cet organe n'a pu faire hernie à aucun moment.

La production d'une tumeur hémopneumatique du genre de celle observée chez notre malade n'est guère possible que dans ces conditions de symphyse pleurale et de traumatisme violent. C'est un fait des plus rares.

13° — Mamelle.

1. Deux cas de tuberculose mammaire. — *Gazette des hôpitaux*, 1er mars 1900.

La tuberculose mammaire, dont l'existence n'était pas démontrée il y a vingt ans, est actuellement peut-être la plus complètement étudiée dans toutes les maladies du sein.

La maladie n'est pas une, mais variée dans ses formes et dans sa marche.

L'un de ces cas surtout présente de l'intérêt, car il s'agit d'une forme considérée comme très rare, d'une tuberculose à foyers multiples et disséminés.

Le tissu conjonctif interstitiel de la mamelle est presque complètement respecté. Les lésions sont pour ainsi dire systématisées, et frappent principalement l'appareil glandulaire ; occupent les conduits excréteurs, les acini ou leur voisinage immédiat. Il semble donc que, dans ce cas particulier, on puisse admettre, sinon l'origine glandulaire, du moins l'évolution glandulaire de la maladie.

Les lésions si abondantes des voies d'excrétion, aussi bien que l'écoulement constaté par le mamelon, pourraient faire songer à une infection ascendante par les conduits galactophores, sans qu'on en puisse fournir d'autre preuve que ce groupement des lésions.

Il existait ici une association microbienne : le staphylocoque et le bacille ont été reconnus dans le pus du même abcès.

Tout porte à croire qu'il s'agit d'une infection secondaire. Les foyers tuberculeux s'ouvrent habituellement à la peau, quand on les laisse à leur évolution spontanée; ils n'ont guère tendance à se mettre en communication avec l'extérieur par l'intermédiaire des conduits galactophores, et l'on compte les cas où l'on a pu noter un écoulement par le mamelon de pus plus ou moins caractérisé. Sa constatation serait tout d'abord un signe clinique dont l'importance ne saurait être méconnue, et, en outre, si, dans un certain nombre de faits, on arrivait à établir un rapprochement entre cet écoulement et la forme que nous avons observée, il y aurait là certainement un élément important à faire intervenir dans la pathogénie et l'étiologie.

Cette notion d'infection secondaire ascendante dans la tuberculose du sein est nouvelle. Peut-être pourra-t-elle être appliquée à d'autres cas, dont le caractère est anormal.

Ce cas présente en définitive une physionomie à part, et à bien des points de vue diffère du type commun.

Dubar, autrefois, avait divisé la tuberculose du sein en deux variétés : la forme confluente et la forme disséminée. La première sans être banale est relativement fréquente et c'est à elle que s'appliquent proprement les descriptions classiques. L'autre a été contestée à tort, car elle existe réellement. Mais elle est rare. C'est, il nous semble, à cette variété que doit être rapportée notre première observation.

Notre deuxième cas rentre dans les faits un peu anormaux par l'âge auquel a débuté la maladie. Il s'agit d'une toute jeune fille, presque d'une enfant, chez laquelle la tuberculose du sein a pris naissance au moment même de la puberté.

Si dans le premier cas l'évolution était principalement glandulaire, ici elle est surtout conjonctive, interstitielle ; les lésions sont donc bien différentes dans leur répartition.

Nos observations prouvent que l'état des ganglions est assurément très variable ; que leur volume peut demeurer très médiocre malgré des lésions glandulaires étendues ; enfin, que si leur envahissement est ordinairement secondaire et consécutif, il peut par exception marquer le début des accidents.

Aux formes disséminées, dont les lésions sont encore plus étendues qu'elles ne paraissent, convient l'extirpation de la glande entière ; une tuberculose confluente, au contraire, comporte une opération partielle, conservatrice, si modifiée que soit la région qu'elle occupe.

2. **Volumineux abcès torpide du sein chez une jeune fille de seize ans.** — *Bulletins de la Société anatomique*, 28 décembre 1900.

En dehors de la puerpéralité les abcès du sein sont peu fréquents et ce sont presque toujours des abcès chauds, soit superficiels et d'origine externe, soit consécutifs aux mastites des nouveau-nés ou des adolescents. Les abcès à marche lente sont alors de rares exceptions, réserve faite pour les collections froides, sous-mammaires ou intra-mammaires, de nature tuberculeuse.

Un abcès survenant sans cause immédiatement évidente chez un sujet jeune, avec des allures torpides, et guérissant par la simple évacuation, est donc un fait curieux et bien digne d'être relaté.

3. **Épithélioma des deux mamelles avec noyaux dermiques secondaires coïncidant avec une péritonite tuberculeuse.** (En collaboration avec le professeur Le Dentu.) — *Revue de chirurgie*, 10 avril 1900.

Nous ne connaissons point d'observation qui soit rigoureusement comparable. Le cancer occupant les deux seins a présenté des allures tout à fait insolites, et la coïncidence d'une péritonite tuberculeuse chez la même malade a contribué pendant longtemps à rendre le diagnostic bien épineux. On a toujours tendance à rapprocher et à expliquer l'une par l'autre deux lésions développées simultanément dans le même organisme. Or, ici, ce rapprochement ne pouvait conduire qu'à une interprétation erronée.

Il y a eu, en somme, chez notre malade une phase de début, avec tuméfaction dure des seins, survenue brusquement, période de mastite aiguë totale ; une phase où les lésions ont pris l'aspect nodulaire en même temps que se développait la péritonite ascitique ; une phase de résorption et d'assouplissement coïncidant avec la guérison apparente de la localisation abdominale ; enfin, une quatrième et dernière phase de néoplasie panglandulaire avec envahissement cutané.

A vrai dire, l'état des seins, considéré dans chaque phase de la maladie, était caractéristique d'une variété de cancer. C'étaient les circonstances adjuvantes qui contrariaient ce diagnostic ; ce dernier eût paru relativement simple si l'examen avait été limité aux mamelles.

Au début, les deux seins énormes rappelaient étonnamment les figures classiques représentant les mastites carcinomateuses.

Aussi, réserves faites, devions-nous accepter comme relativement probable l'opinion d'un cancer non seulement aigu, mais suraigu des deux mamelles. Or, la disparition de la tuméfaction générale, le désempâtement et l'assouplissement des seins, la rétrocession des phénomènes alarmants du début, et toute la suite ultérieure de la maladie prouvent qu'il ne s'agissait point de la mastite carcinomateuse.

Plus tard, l'aspect des glandes était tellement différent de ce qu'il était au début et, d'autre part, la lésion abdominale devenue à ce point prédominante que la notion de cancer semblait s'éloigner de plus en plus.

Il était acquis qu'elle avait une péritonite tuberculeuse à forme ascitique. Dès lors, nous aidant de la lésion connue pour interpréter la lésion douteuse, il était naturel de rapprocher de la localisation bacillaire péritonéale les noyaux mammaires.

Cependant la palpation, montrant les masses inégales occupant les deux seins, donnait plutôt l'impression d'un double squirrhe.

Ultérieurement l'apparition des nodules cutanés nous éloigne beaucoup de l'idée de tuberculose, du moins pour la lésion mammaire.

On remarquera le contraste entre le début tumultueux et bruyant de l'affection mammaire et la marche torpide et lente qu'elle a présentée à la fin. Pendant les derniers mois, c'est à peine si on a pu noter quelque changement dans l'aspect des mamelles. La maladie paraissait stationnaire et les glandes axillaires elles-mêmes ne manifestaient aucune tendance à l'accroissement. Aussi la malade a-t-elle succombé aux progrès de sa péritonite, à la transformation purulente de l'épanchement après rupture de sa cicatrice, non à la cachexie cancéreuse.

4. **Adéno-fibro-lipome de l'aisselle, développé aux dépens d'une glande mammaire surnuméraire.** — *Bulletins de la Société anatomique*, mars 1901.

La tumeur occupant la partie inférieure de l'aisselle, complètement indépendante de la mamelle d'ailleurs absolument saine,

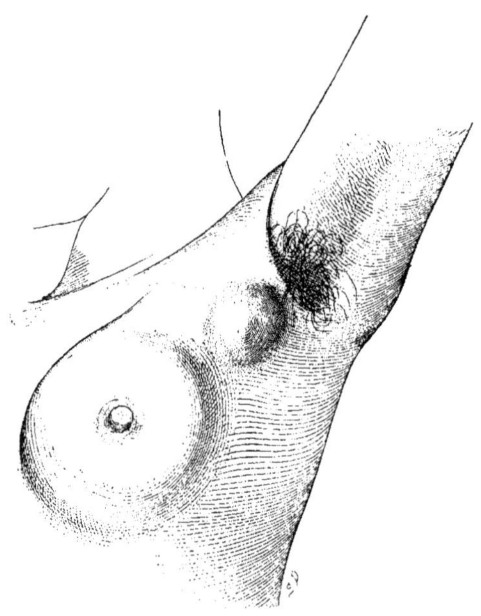

était lobulée, de consistance assez ferme, mobile, indolente à la

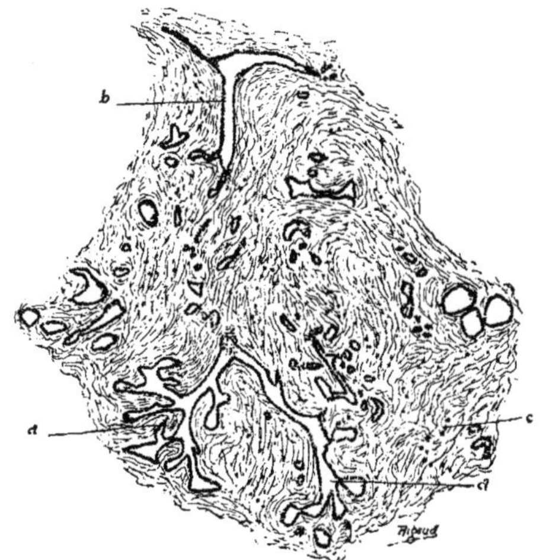

pression. On percevait en la refoulant vers la profondeur une

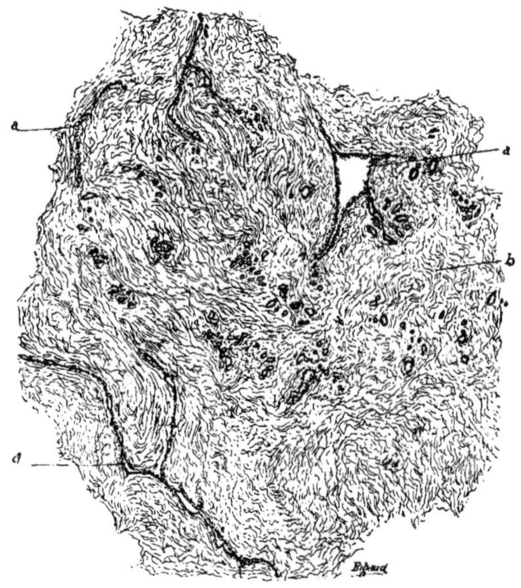

sorte de crépitation. Le diagnostic de lipome parut probable. C'était, en effet, une masse graisseuse multilobée, mais au centre de chaque lobe graisseux se trouvait un noyau dur, grisâtre, ovoïde. L'examen histologique montre que chacun d'eux présente la structure des fibro-adénomes du sein.

C'est un groupe de fibro-adénomes enveloppés dans une même atmosphère adipeuse. Ils n'ont aucune connexion avec la glande mammaire proprement dite.

Ils ont pris naissance aux dépens d'une glande aberrante dont le point de départ cutané était indiqué par un tractus implanté à la face profonde du derme et déterminant au niveau du bord inférieur du grand pectoral une petite dépression ombiliquée.

5. **Autoplastie par déplacement d'une mamelle pour remédier à une énorme perte de substance résultant de l'ablation de l'autre.** — *Gazette des hôpitaux*, 16 avril 1901.

A l'exemple de Legueu, Graeve, Franke, j'ai utilisé la mamelle saine pour combler la perte de substance très étendue qui résultait de l'ablation d'une tumeur maligne couvrant presque toute la moitié gauche du thorax.

Les indications d'une telle intervention doivent rester fort

limitées à notre avis, car on ne serait guère amené à la pratiquer que pour des cas franchement détestables, auxquels convient mieux l'abstention pure et simple.

Cependant elle n'est pas grave, elle est relativement facile, et la mamelle saine peut fournir en abondance les téguments nécessaires pour une large autoplastie. C'est donc une ressource, dont on peut à l'occasion tirer profit. Mon opérée s'est parfaitement et promptement remise de l'intervention, et lui doit plusieurs mois de bien-être et de réconfort moral.

14° — Chirurgie abdominale. — Hernies. — Parois de l'abdomen.

1. De la gastro-entérostomie. — *Gazette des hôpitaux*, 1892.

Cette étude, un des premiers travaux publiés en France sur ce sujet, n'est pas une simple revue. Après des expériences sur les chiens, j'ai été amené à conseiller un manuel opératoire qui m'avait toujours donné de bons résultats chez ces animaux.

Un des premiers je conseillai l'emploi des surjets superposés pratiqués avec de fines aiguilles de couturière.

2. **Cholécystites calculeuses.** — *Bulletins de la Société anatomique*, avril 1900.

Deux cas de vésicules formant tumeur, non à cause de leur distension, car elles contenaient peu de liquide, mais à cause de l'épaississement hyperplasique de leur paroi.

3. **Anus contre nature dans une cavité suppurante intra-pelvienne consécutive à une hystérectomie abdominale. Issue des matières par une large fistule sous-ombilicale et par le vagin. Laparotomie, résection intestinale.** — *Journal des praticiens*, 27 octobre 1900.

Le traitement des anus contre nature et des fistules stercorales, toujours très délicat, présente des difficultés sérieuses quand l'orifice intestinal ne s'ouvre pas directement à l'extérieur. Les matières sont d'abord déversées dans une cavité intermédiaire, dont les parois suppurent. Quand ce foyer pyo-stercoral siège dans une des fosses iliaques, au voisinage des anneaux herniaires ou dans la région ombilicale, on a au moins la ressource de pouvoir l'aborder sans trop de peine, et c'est déjà un point important. Il n'en va pas de même quand il faut aller dans la profondeur du bassin à la recherche de l'intestin perforé.

Entreprendre la guérison de pareil cas est toujours une tâche laborieuse et souvent fort ingrate.

Une malade que j'ai eue à traiter est un exemple des longs ennuis, des difficultés, des dangers que comporte la cure d'une telle infirmité. Une hystérectomie abdominale pour suppuration pelvienne a été suivie d'une large fistule stercorale déversant la totalité des matières par le vagin et par un orifice sous-ombilical. Cette lésion, déjà ancienne, a fini par guérir après résection de l'anse malade suivie d'entérorrhaphie circulaire.

4. **Plaie de la rate par coup de feu. — Splénectomie. — Mort.** — *Bulletins de la Société anatomique*, octobre 1898.

Ces blessures de la rate sont d'une énorme gravité, à cause de l'hémorrhagie considérable qui en résulte.

Ce qu'il y a de mieux à faire, c'est l'ablation de la rate. Au premier abord, cette mesure pourrait paraître excessive. Supprimer un organe parce qu'il saigne est un remède un peu bien énergique. Mais ici il est difficile de faire mieux.

On est conduit à l'extirpation de l'organe pour ainsi dire par nécessité. Cette extirpation ne constitue pas elle-même une chose grave, ni un sacrifice dont les suites pourraient être préjudiciables. Ce qui est grave, c'est l'état du blessé, qu'on opère bien souvent, quand, par la faute des circonstances, le moment opportun est déjà passé.

5. **Plaie de l'abdomen par coup de couteau. Section d'une veine spermatique, de la veine épigastrique, de l'artère appendiculaire. Large plaie du cæcum. Intervention. Guérison.** — Présentation à la *Société de chirurgie*, le 11 octobre 1899. Rapport de M. Chaput, 26 décembre 1900.

Le même coup de couteau avait donc déterminé quatre graves lésions. Aussi le blessé était-il déjà dans un état des plus alarmants au moment de l'intervention, pratiquée cependant quatre heures après la blessure. Le simple débridement de celle-ci permit de traiter successivement toutes les lésions, de lier les vaisseaux divisés et de suturer le cæcum ouvert sur une étendue de 3 centim.

Le diagnostic de plaie pénétrante avait été fait avant l'intervention, d'après la direction de la blessure, la rigidité de la paroi, les signes d'hémorrhagie interne.

6. **Ruptures de la rate et du rein par contusion de l'abdomen.** — Th. de Vanverts. P. 1897.

7. **Écrasement par un tombereau. Fractures des onze premières côtes du côté droit. Déchirures du foie et du rein. Rupture de l'intestin grêle. Le sujet portait un cancer latent de la face postérieure de l'estomac.** — *Bulletins de la Société anatomique*, janvier 1898.

8. **Hyperthermie simulée après une laparotomie pour péritonite tuberculeuse.** — *Médecine moderne*, 1896.

9. **Pince hémostatique laissée dans le ventre au cours d'une laparotomie et rendue par l'anus au bout de trois ans.** — *Bulletins de la Société anatomique*, décembre 1897.

10. **Occlusion intestinale par adhérences anciennes du côlon à la vésicule biliaire.** — *Bulletins de la Société anatomique*, 25 mai 1900.

L'occlusion a eu pour cause les adhérences développées autour de la vésicule. Celle-ci avait été enflammée autrefois ; mais tout processus phlegmasique était éteint depuis longtemps, et les accidents étaient une suite très éloignée de la péricholécystite.

La solidité des adhérences et leur étendue auraient rendu bien difficile l'intervention si la malade, au lieu de nous arriver dans la période préagonique, avait été dans des conditions où elle aurait pu être utilement opérée. Ces adhérences ne sont point de celles que l'on décolle ou sectionne aisément. Il s'agit d'un véritable rétrécissement cicatriciel périphérique et quasi-circonférentiel. Libérer l'intestin est à peu près impossible sur la pièce isolée, sortie du ventre et étalée sur un liège. Sur le vivant toute tentative pour libérer cet intestin aurait été illusoire et même dangereuse, et en insistant on eût infailliblement déchiré le côlon, le duodénum ou ouvert la vésicule. Réséquer ce segment rétréci eût été plus dangereux et plus aléatoire encore. Aussi je pense qu'on eût été conduit soit à pratiquer un anus artificiel sur le cæcum, ce que l'énorme distension de cet organe eût peut-être exigé comme opération de nécessité ; soit l'anastomose entre le cæcum et le côlon transverse ou entre le cæcum et le côlon pelvien, si la malade avait eu assez de résistance pour qu'on pût faire cette dernière opération. A tous égards celle-ci eût été alors l'intervention de choix.

11. **Hernie rétro-péritonéale.** — *Bulletins de la Société anatomique*, mars 1896.

La hernie avait dû se faire dans une des fossettes situées du côté gauche du duodénum ascendant, dans la fossette duodéno-jéjunale inférieure, qui plus spacieuse et plus profonde est le siège le plus ordinaire de ces hernies rétro-péritonéales.

Un point très particulier du cas qui nous occupe est que l'étranglement n'a pas eu lieu dans la hernie. Les anses contenues dans le sac herniaire étaient parfaitement saines. Ce sont des anses sorties du sac pour rentrer dans la grande cavité du péritoine qui se sont étranglées au niveau de l'orifice.

12. **Occlusion intestinale par calcul biliaire.** — *Bulletins de la Société anatomique*, 23 février 1900.

Pendant longtemps les observations ont été en petit nombre; mais, en 1885, Wising en relevait 50; Kirmisson et Rochard 105, en 1892 (*Arch. méd.*, 1892) et Dagron 140 (Th. Paris, 1892). Galliard, en 1895 (*Presse médicale*), porta ce chiffre à 225, et dans un travail plus récent, Garin (Th. Paris, 1897-98) pouvait encore en relever 12 nouvelles, auxquelles j'ai pu facilement en ajouter un certain nombre d'autres, à propos d'un cas personnel, femme de 82 ans, opérée dans des conditions qui ne permettaient guère d'espérer un succès.

Bien que le volume du calcul soit assez considérable, il n'excède point le calibre normal de l'intestin grêle; le spasme joue ici un rôle prédominant.

Aussi bien avons-nous constaté que le corps étranger ne pouvait être déplacé, ni dans un sens ni dans l'autre, dans l'intestin contracturé.

Presque tous ceux qui sont intervenus ont été amenés à faire l'entérotomie, opération de beaucoup la plus simple et la plus courte.

L'intervention a été malheureusement stérile. C'est un résultat commun à beaucoup d'opérations de ce genre, que pourtant on doit tenter faute de mieux. Ce qui a rendu la chose grave, ce n'est pas l'entérotomie, ce sont les 82 ans.

Kirmisson et Rochard signalent la difficulté où l'on se trouve pour classer l'occlusion par calcul biliaire dans l'occlusion aiguë, ou l'occlusion chronique. Chez notre malade il s'agit sans aucun doute d'une forme aiguë, et cependant nous pouvons noter le peu de dépression apparente, le médiocre ballonnement, et les vomissements espacés, séparés par de longs intervalles de calme.

Comment et pourquoi après avoir supporté ces corps étrangers pendant une période indéterminée, mais considérable, si l'on en juge par le volume des calculs, la vésicule les a-t-elle éliminés ? Il n'est pas douteux que ce processus d'élimination ait eu pour cause occasionnelle une infection récente de la vésicule, soit à travers la paroi amincie des deux organes accolés et déjà adhérents, soit plutôt par voie ascendante en suivant le cholédoque et la cystique. Ce dernier mode d'infection est d'autant plus probable que le conduit excréteur de la bile est rempli d'un liquide muqueux grisâtre, qu'il est dilaté et que sa paroi est légèrement épaissie, et enfin que la vésicule communique encore avec le canal cystique par un étroit pertuis, alors que dans beaucoup de ces vieilles lithiases la perméabilité de ce conduit disparaît, la vésicule formant une poche close.

13. **Cancer du gros intestin. Occlusion intestinale.** — *Bulletins de la Société anatomique*, 19 octobre 1900.

14. **Occlusion par torsion du mésentère.** — In Th. BASSINOT, Paris, 1900.

Il y avait dans ce cas un volvulus de l'intestin grêle tout entier, du moins de toute la partie pourvue de mésentère, jéjunum et iléon. Il rentre dans la catégorie de faits signalés par P. Delbet (*Société de chirurgie*, 1898). Mais il en diffère par le sens de la torsion, qui se faisait ici dans le sens inverse des aiguilles d'une montre. Il y avait anurie complète, vomissements exclusivement bilieux, augmentation assez considérable du volume de l'abdomen. Circonstance bien curieuse, il existait une matité complète du ventre depuis l'ombilic jusqu'au pubis et d'une épine iliaque à l'autre.

Le ventre ouvert, il fallut reconnaître que cette matité ne pouvait être attribuée qu'aux anses intestinales remplies et distendues par les liquides qui s'y étaient accumulés.

15. **Occlusion intestinale opérée vingt-quatre heures après l'accouchement.** — *Société de chirurgie*, 4 octobre 1899. Rapport par ROCHARD, 20 juin 1900.

Une jeune femme de 29 ans est prise d'occlusion intestinale au terme d'une grossesse normale. Le travail commence quelques heures après, s'accomplit régulièrement et se termine par la naissance d'un enfant vivant.

Cependant l'état s'aggrave rapidement, les vomissements deviennent fécaloïdes et c'est dans les plus détestables conditions que la laparotomie est pratiquée vingt-quatre heures après l'accouchement.

Cependant l'étranglement peut être levé et la guérison survient de la façon la plus heureuse.

Ce cas est très remarquable et mériterait d'être longuement étudié au point de vue des difficultés du diagnostic avant, pendant et après le travail, l'occlusion pendant la grossesse ou l'accou-

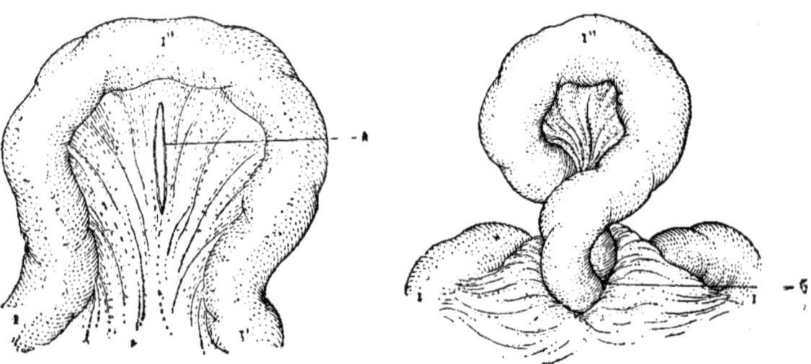

chement étant bien rarement observée. Le signe de V. Wahl, si rarement noté, est devenu ici très manifeste, l'accouchement terminé. Il a permis d'aller tout droit sur le point où siégeait l'occlusion et de réduire les manœuvres au minimum.

Il s'agit, en outre, d'une forme toute particulière de volvulus. L'anse étranglée, devenue plus grosse qu'une tête de fœtus à terme, appartenait à l'intestin grêle. Elle était tordue de gauche à droite de plus de 180°. Il fut relativement aisé de la détordre par rotation de droite à gauche, après destruction de quelques fausses membranes formées autour du pédicule tordu.

Mais, cette manœuvre exécutée, je pus me rendre compte qu'elle serait inutile si on laissait les choses en l'état, car il subsistait un agent d'étranglement en serrant les deux pédicules de l'anse distendue. Celle-ci avait passé à travers un orifice de son propre mésentère, ainsi que l'indiquent les deux figures schématiques ci-contre. La réduction s'opéra après agrandissement, par déchirure prudente, de la boutonnière mésentérique.

16. **Kyste du pancréas**. — Thèse de TULASNE, 1899.

Ce cas est un des plus intéressants qui aient été signalés. Quand la malade fut observée pour la première fois, elle présentait les signes d'une hémorrhagie interne, et l'on pensa à une inondation péritonéale ayant pour cause la rupture d'une trompe gravide. L'ouverture du ventre permit d'évacuer une très grande quantité de liquide hématique, et montra l'intégrité absolue des annexes et de tout ce qu'on put reconnaître des viscères abdominaux. L'état fort inquiétant de la malade ne permit pas d'ailleurs de pousser très loin cet examen. L'opérée se remit rapidement.

Six mois après, elle revint avec une tumeur sous-hépatique où l'on soupçonna un kyste pancréatique, et la laparotomie suscitée par ce diagnostic aboutit à la marsupialisation de la poche au-dessus de l'estomac, à travers le petit épiploon.

Une fistule persista longtemps, donnant issue à un liquide rappelant le suc pancréatique. Je me proposais d'aboucher cette fistule dans l'intestin grêle, créant ainsi une sorte de conduit pancréatique accessoire ; mais cet orifice finit par s'oblitérer complètement. La malade ayant succombé récemment à une cirrhose hépatique, j'ai pu préparer la pièce qui montre que la guérison a été obtenue grâce à un énorme processus d'adhérences qui comble l'arrière-cavité des épiploons.

Le pancréas est modifié dans ses formes, sa consistance et son aspect. Il présente aussi quelques lésions microscopiques, mais qui ne permettent nullement d'attribuer au kyste une origine néoplasique.

17. **Traitement des hernies inguinales par glissement de l'S iliaque**. — *XIIIe Congrès international de médecine*, Paris, 2-9 août 1900.

Dans les hernies dites par glissement, le sac n'enveloppe pas complètement l'intestin et la partie dépourvue de séreuse entre en contact avec le tissu cellulaire.

C'est ce rapport de l'organe hernié avec les parties avoisinantes que Scarpa a désigné sous le nom d'adhérence charnue naturelle. On peut dire que l'étendue de ces adhérences charnues et leur degré ont aujourd'hui plus d'importance dans la majeure partie des cas, que les adhérences inflammatoires qui occupent la cavité du sac, au point de vue de la cure opératoire. Dans les hernies par glissement, la règle est que la difficulté soit en dehors du sac, dans la surface intestinale dépourvue de séreuse.

C'est par là, en effet, qu'elles échappent le plus souvent à une thérapeutique rigoureuse et régulière. Ce sont les mauvais cas. Pour eux, la cure radicale est souvent illusoire, parfois impossible. L'intervention, toujours délicate, est parfois périlleuse, et elle ne donne pas par ses suites les mêmes satisfactions que les autres opérations de hernies.

La solution, commode et pratique aux grosses difficultés que rencontre ici l'acte opératoire, étant encore à trouver, je me suis efforcé, à mon tour, de tenir compte des indications de l'anatomie pathologique et de la pathogénie, et j'ai proposé et appliqué avec succès une technique nouvelle.

La première indication à remplir est de libérer l'intestin et le rendre mobile, en ménageant scrupuleusement non seulement ses tuniques, mais tous ses moyens de nutrition et d'innervation.

La deuxième est de le réduire dans le ventre, et de le *placer dans sa situation normale.* Jusqu'à présent, en mettant les choses au mieux, on s'est borné à le replacer derrière la paroi plus ou moins bien reconstituée.

Il nous paraît qu'outre le facteur paroi, il faut songer principalement au facteur intestin. *Refaire un mésocôlon et le fixer dans sa position naturelle* est une autre indication, si l'on veut que le succès soit durable.

Mais ce serait absolument insuffisant pour prévenir le retour de la hernie, et une dernière indication, tout aussi impérieuse, et d'ailleurs parfaitement saisie et mise en pratique par tous ceux qui se sont occupés de toutes ces hernies dans ces dernières années, c'est de procéder à la restauration aussi complète que possible de la paroi.

L'opération me paraît devoir être pratiquée de la manière suivante, sur le plan incliné et après traitement préopératoire (repos, purgatifs répétés, etc.).

1° Mise à nu de l'orifice inguinal, débridement en dehors de cet orifice dans le sens des fibres du grand oblique. Ouverture du péritoine au niveau du trajet inguinal. On s'épargne ainsi tout tâtonnement dans la recherche du sac, et tout ennui du côté de l'intestin.

2° Libération de celui-ci par voie de décollement.

3° Incision soit sur le bord externe du muscle droit, soit au voisinage de la crête iliaque.

4° Réfection du mésocôlon et fixation l'un à l'autre de ses deux feuillets à l'aide d'un grand nombre de sutures à la soie fine, soit à points séparés, soit en surjets disposés en lignes radiées dans les interstices des vaisseaux ; fixation de la base du méso à l'aponévrose iliaque, à la partie la plus reculée de la fosse iliaque.

5° Suture de la plaie abdominale.

6° Réfection aussi soignée que possible du trajet inguinal.

Ainsi comprise, l'opération est un peu plus compliquée que celle qui est adoptée généralement. Mais dans les cas où elle est possible, le malade sera, sans aucun doute, dans des conditions meilleures.

En pratiquant l'incision abdominale par la gaine du muscle droit selon la technique recommandée pour enlever l'appendice, on se met complètement, je l'espère du moins, à l'abri de toute éventration ultérieure.

Il est très facile de ne pas placer ses points de suture sur les vaisseaux cóliques, que l'on aperçoit nettement par transparence. Toute crainte de sphacèle est ainsi évitée.

Si ces manœuvres allongent un peu l'opération, on peut affirmer qu'elles sont bénignes et n'aggravent point le pronostic. Tout se passe dans la fosse iliaque, sans hémorrhagie, sans manipulations laborieuses ou septiques. A moins de déchéance absolue de l'organisme, ou de précautions insuffisantes, il n'y a donc point de ce fait augmentation des chances d'insuccès.

Il ne reste donc pas d'objection sérieuse contre cette manière de faire, et, par contre, le bénéfice semble devoir être très appréciable.

J'espère que cette idée pourra à l'occasion trouver son application, et rendre service à quelques malades.

18. **Épiploïte consécutive à une opération de hernie ombilicale étranglée. Abcès-fistule consécutif. Laparotomie. Extirpation d'une grosse masse d'épiploon enflammée. Marsupialisation du fond de la cavité suppurante contenue dans cette tumeur épiploïque. Guérison.** — *Bulletins de la Société anatomique*, avril 1899.

19. **Observations d'épiploïte consécutive à des opérations de hernie.** — Thèse de SAUGET, Paris, 1899.

20. **Épiploïte consécutive aux opérations de hernie.** — *Gazette des hôpitaux*, 29 novembre 1900.

Nous pouvons reconnaître dans l'affection qui nous occupe trois périodes : une de début, pendant laquelle le malade présente un état abdominal plus ou moins nettement caractérisé, mais jamais bien alarmant, douleurs, tendance nauséeuse, sensibilité générale du ventre, léger ballonnement ; une période d'état pendant laquelle se constitue la tumeur, et une dernière pendant laquelle elle diminue graduellement et finit par s'évanouir, laissant peut-être des reliquats, mais que la palpation n'arrive plus à déceler.

Autour du moignon infecté il se fait un froncement, une concentration de la partie restante d'épiploon, qu'envahit une énorme infiltration embryonnaire.

Le foyer septique est cerné par des exsudats, des adhérences, des tissus de nouvelle formation qui l'isolent très complètement. L'apparition de la plaque, du gâteau, de la tumeur, est précisément un sûr indice de la limitation du processus inflammatoire.

Si l'on intervient de bonne heure, on trouve généralement de petits abcès collectés au centre de la masse épiploïque très modifiée, qui constitue la tumeur tangible. De telles collections sont susceptibles de disparaître. L'abcès, au bout de peu de temps, deviendra stérile; les microbes pathogènes finiront par succomber, tués par leurs propres poisons, et dès lors le pus, privé de germes, ne tardera point à être résorbé.

Les éventualités graves sont toutes exceptionnelles, et il ne faut pas s'alarmer outre mesure quand survient un pareil accident.

On peut être tenté d'intervenir dans le but de conjurer les accidents phlegmasiques, ou tout au moins d'abréger la crise, de la rendre plus bénigne. Il ne faut pas céder à cette impression du premier moment, il n'y a pas lieu de se décider brusquement, ni d'agir en pleine période de réaction abdominale.

Je penche également pour l'abstention dans la période d'état.

C'est tardivement que surgissent les indications, et heureusement elles sont rares.

Dans un cas, je dus pratiquer une laparotomie des plus difficiles. Le trajet suppurant s'enfonçait au centre d'une masse fibro-adipeuse adhérente de tous côtés : c'était l'épiploon complètement transformé. Je l'ouvris, me laissant guider par la fistule. Il y avait au-dessous de l'estomac, entre lui et le côlon, une cavité allongée transversalement, où je trouvai logés dans une série d'alvéoles tous les fils de soie qui avaient servi, autrefois, à lier l'épiploon. J'en fis l'extraction; je supprimai tout ce que je pus de la tumeur fibro-graisseuse; mais la cavité où étaient les fils ne pouvait être emportée sans réséquer en même temps une partie du côlon et de l'estomac, tant les adhérences étaient denses et résistantes. J'attirai ce fond jusqu'à la plaie pariétale où je le suturai, ne pouvant ni le réduire, ni le supprimer. Ma malade guérit fort bien.

Indépendamment de ces cas où l'action chirurgicale est rendue nécessaire par une suppuration intarissable, il en est d'autres où elle est non moins légitime, quand, par exemple, le fonctionnement de l'intestin est troublé d'une façon durable par les adhérences qui en effacent le calibre, ou déterminent des coudures.

21. **Hernie inguinale étranglée réduite par le taxis. Perforation intestinale et péritonite diffuse. Intervention. Suture de la perforation. Guérison.** *Soc. de chirurgie*, 26 janvier 1901.

22. **Appendicite pelvienne,** in Th. Chevallier, p. 1900.

23. **Fibrome de la paroi abdominale.** — *Bulletins de la Société anatomique*, mai 1899.

La pathogénie des fibromes de la paroi abdominale a été remise en cause par des travaux récents, et il y a lieu d'orienter dans ce sens l'étude des faits nouveaux. Pour M. Guinard (*Traité de chirurgie* de Le Dentu, t. VII) et son élève Puyaubert (Th. Paris, avril 1899), reprenant une idée déjà ancienne de Sænger, ces tumeurs singulières auraient pour origine constante ou à peu près constante le ligament rond, qu'elles aient pris naissance aux dépens de cet organe lui-même ou de fibres aberrantes. Leur opinion est donc en opposition avec celle qui les fait partir des aponévroses et des muscles, et qui est aujourd'hui la plus répandue. Cette doctrine repose sur d'excellentes considérations théoriques, mais les preuves absolument démonstratives manquent. Ayant eu l'occasion d'opérer une jeune femme atteinte d'un de ces fibromes, j'ai essayé de voir si ce cas pouvait aider à établir la séduisante hypothèse de M. Guinard, mais ni la dissection ni l'examen histologique n'ont établi que telle était l'origine de cette tumeur.

24. **Psoïtis.** — Deux observations. Th. Petit, Paris, 1898-99.

25. **Des formes bénignes de psoïtis.** *Congrès de médecine*, août 1900.

Les formes bénignes de la psoïtis sont virtuellement admises par les auteurs classiques, mais comme à regret, et leur mention est entourée de réserves telles que dans la pratique on ne s'attend guère à les rencontrer.

En fait, le pronostic de la maladie est considéré comme très sombre et même presque fatal. Cette impression pessimiste n'était que trop justifiée autrefois. Mais le pronostic s'est grandement amélioré pour différentes raisons. Certaines confusions ont cessé entre la psoïtis et les affections voisines (suppurations péricæcales, etc.). Le traitement est plus précoce et mieux compris.

Les soins que l'on donne aux accouchées contribuent à rendre les infections moins graves. Dans l'espèce, on a souvent mis au passif de la psoïte une infection générale dont elle n'était qu'une localisation. Bref, la guérison peut être obtenue, surtout dans les cas observés en dehors de la puerpéralité. Les deux observations mentionnées plus haut (Th. de Petit) viennent entre autres à l'appui de cette proposition.

Mais j'ai en outre insisté sur les formes franchement bénignes, auxquelles appartenaient deux cas que j'ai pu recueillir à l'hôpital Saint-Louis.

Dans l'un il s'est formé lentement un abcès du psoas, non seulement sans phénomènes inquiétants, mais sans trouble bien apparent de la santé générale.

Une simple incision a amené la guérison; encore fut-elle tardivement pratiquée, car la malade se refusa d'abord à toute opération.

Cette observation, en elle-même fort simple, tire précisément son intérêt de la pauvreté des symptômes déterminés par la suppuration, de son évolution tranquille et sans retentissement sur la santé générale, de sa guérison par les soins les plus sommaires.

Il existe donc une forme de psoïtis dans laquelle l'abcès évolue avec une bénignité remarquable.

Mais il y a plus, et la guérison peut survenir par résolution complète, alors même que la lésion est bilatérale, l'envahissement simultané ou successif des deux côtés ayant toujours été pourtant considéré comme une circonstance encore aggravante. C'est ce que prouve ma seconde observation.

La fréquence de tels faits est difficile à établir d'une manière absolue, car il s'agit d'affections très rares, et qu'on n'observe à un tel degré d'atténuation qu'à titre d'exceptions. Cependant il en faut tenir compte dans la pratique. Si le pronostic général de la maladie est sérieux, il s'est grandement amélioré pour les cas ordinaires, et il peut même être tout à fait favorable.

Dans les formes bénignes dont nous nous occupons, les moyens les plus élémentaires suffisent à procurer la guérison,

15° — Voies urinaires.

1. **Tumeur maligne du rein, enlevée avec succès par la voie transpéritonéale.** — *Bulletins de la Société anatomique*, octobre 1898, et Th. Heresco, 1899.

Il s'agissait d'un très volumineux sarcome du rein gauche, pour lequel j'ai pratiqué la néphrectomie selon la technique enseignée par M. Terrier. L'opéré a très bien guéri ; il a même pu se marier un an après ; mais au quinzième mois est survenue une récidive qui l'a emporté très rapidement.

Cette observation présente un certain intérêt au point de vue spécial de la pathogénie du varicocèle symptomatique. On a voulu établir une relation étroite entre le varicocèle des tumeurs du rein et l'envahissement secondaire des ganglions du hile, dont il serait une conséquence, ce qui a de l'importance au sujet du diagnostic de l'étendue des lésions et des déterminations à prendre. Or, chez ce sujet il y avait un varicocèle énorme qui a disparu après l'opération, et pas d'adénopathie appréciable. Sa présence était donc due à la tumeur rénale, et à elle seule.

2. **De la greffe des uretères dans le rectum.** — *Bulletins de la Société anatomique*, 1892.

En 1892, ce sujet était tout nouveau encore, et l'on pouvait espérer beaucoup des méthodes de dérivation de l'urine dans le rectum.

J'ai étudié expérimentalement la greffe des uretères ; et les nombreux auteurs qui depuis ont repris la question ont toujours bien voulu rappeler mes recherches.

De ces expériences se dégageait une impression assez peu favorable, car les infections ascendantes étaient presque la règle quand l'uretère demeurait perméable.

3. **Cancer latent de la vessie.** — *Bulletins de la Société anatomique*, juillet 1898.

4. **Thermomètre dans la vessie.** — *Bulletins de la Société anatomique*, février 1894.

5. **Calcul vésical formé autour d'un fragment de sonde de Nélaton.** — *Bulletins de la Société anatomique*, février 1899.

6. **Laminaire engagée dans l'urèthre et la vessie d'une jeune femme et retirée par la taille uréthrale.** — *Bulletins de la Société anatomique*, février 1899.

7. **Corps étranger de la vessie (aiguille d'opérateur Potain) retiré par la taille hypogastrique.** — *Bulletins de la Société anatomique*, décembre 1899.

8. **Calculs vésicaux enlevés par la taille hypogastrique chez un enfant de deux ans.** Les calculs étaient visibles sur radiographies. — *Bulletins de la Société de pédiatrie*, novembre 1899.

16° — Organes génitaux de l'homme.

1. **Sarcome du cordon spermatique (fibro-sarcome à myéloplaxes).** — *Bulletins de la Société anatomique*, 28 mars 1901.

Lymphadénome du testicule. — *Bulletins de la Société anatomique*, avril 1899.

Les tumeurs du testicule ont été fort étudiées sans que leur diagnostic soit devenu facile, et surtout sans que leur interprétation histologique et histogénique soit aisée à établir pour chaque cas déterminé.

J'ai eu la bonne fortune de montrer à la Société anatomique un beau type de lymphadénome du testicule, affection rare dont les observations se comptent depuis que les beaux travaux de Malassez, les leçons de Trélat, le mémoire de Monod et Terrillon ont appelé l'attention sur ce sujet, il y a une vingtaine d'années.

On en a publié tout au plus une quinzaine, dont quelques-unes encore ne sont pas à l'abri de toute contestation. C'est dire que la physionomie clinique de l'affection commence à peine à se dégager de la symptomatologie si obscure des tumeurs du testicule. La description magistrale de Trélat, si claire et si frappante, ne saurait être définitive. Elle a été formulée sur un nombre de faits trop restreint, et chaque cas nouveau apporte quelque variante au tableau clinique.

Les deux principaux signes donnés comme éléments de diagnostic, bilatéralité, généralisation, faisaient défaut.

La consistance de la tumeur était chez notre malade d'une extrême dureté ; en outre, cette tumeur était bosselée ; ces caractères ne répondent pas à ce qu'on a observé habituellement.

On a trouvé ordinairement l'épididyme intact dans les lymphadénomes du testicule, et ce fait a été invoqué comme élément de diagnostic entre le lymphadénome et le sarcome qui, on le sait, occupe toujours primitivement ou englobe secondairement l'épididyme. Or, chez notre sujet cette indépendance des deux organes était complète et l'épididyme volumineux formait une saillie qui attirait immédiatement l'attention. Mais ce signe, qui aurait pu nous venir en aide, se tournait contre nous. L'épididyme, augmenté de volume, prenait les apparences du testicule et, loin de rendre plus simple la discussion du diagnostic, la faisait plus compliquée.

Malgré le pronostic très mauvais, malgré la certitude presque absolue de voir succomber le malade à une récidive prochaine et rapide, nous devons nous comporter ici comme pour les autres tumeurs du testicule, et faire l'ablation de l'organe quand on a l'espoir, même peu fondé, que le mal est encore localisé. Les difficultés du diagnostic restent considérables. Presque toujours on se trouve en présence d'une tumeur du testicule, dont la nature véritable est à peine soupçonnée. On l'enlève et, comme dans le cas que je présente, le diagnostic définitif est établi rétrospectivement par l'étude histologique des pièces, quand elle-même ne prête pas à controverse.

3. **Tumeur maligne du testicule.** — *Bulletins de la Société anatomique*, 1er décembre 1899.

Au point de vue *microscopique*, ce cas est très voisin du précédent, et est donc d'un grand intérêt car les lymphadénomes sont rarement observés. Au point de vue *clinique*, il vient appuyer les considérations que je formulais à propos de ma première observation. Aucun élément ne permettait d'agiter utilement ce diagnostic, les deux signes principaux sur lesquels les auteurs insistent habituellement, bilatéralité des lésions, généralisation, faisant défaut. L'isolement de l'épididyme, qui jusqu'à certain point aurait pu être invoqué comme un signe, d'ailleurs insuffisant à lui seul, ne pouvait être reconnu par la palpation. L'examen de la pièce montre que c'eût été matériellement impossible.

4. **Hématocèle vaginale.** — *Bulletins de la Société anatomique*, 21 décembre 1900.

Il était intéressant de rechercher la situation du testicule. A l'examen, on avait cru reconnaître à peu près son siège en se basant sur une certaine douleur localisée en un point assez précis en arrière et en bas. Or cet endroit, où la pression éveillait quelque sensibilité, correspondait non au testicule, mais à un foyer extra-vaginal. En examinant la poche par sa face interne, une légère saillie oblongue, occupant la partie postérieure et moyenne de la cavité, offrait tout d'abord l'aspect d'une glande spermatique aplatie ; mais ce n'était qu'un amas de fausses membranes couvrant un petit foyer d'hémorrhagie pariétale. Il a fallu d'assez longues recherches pour découvrir, à la partie déclive de la poche, le testicule méconnaissable, aplati, aminci et d'apparence misérable. Quant à l'épididyme, il faut renoncer à en trouver les vestiges.

Sur la pièce, nous avons vainement essayé en plusieurs points d'amorcer une *décortication* de la paroi ferme et rigide. Ces constatations justifient la castration.

La fissuration de la coque, la formation du foyer extra-vaginal, l'infiltration des téguments, la suppuration débutant à la face profonde de la peau amincie et excoriée, nous indiquent ici avec une netteté schématique le mécanisme, ou un des mécanismes, de l'infection de ces hématocèles. La rupture de la poche à l'extérieur nous paraît impossible, sans une préparation analogue.

17° — Organes génitaux de la femme.

1. **Grossesse extra-utérine.** — Plusieurs observations dans la thèse d'ARROYO, 1899.

2. **Grossesse extra-utérine tubo-abdominale. Kyste intraligamentaire pouvant être invoqué comme facteur étiologique. Hématocèle au 4e mois. Laparotomie. Guérison.** — *Bulletins de la Société anatomique*, 1899.

3. **Grossesse extra-utérine.** — *Société de chirurgie*. Rapport par M. ROUTIER, 21 mars 1900.

Il n'y a guère de question plus intéressante et plus variée que celle des grossesses extra-utérines. Chaque cas pour ainsi dire comporte son enseignement.

Parmi les observations que j'ai fournies à M. Arroyo, il en est une d'avortement tubaire incontestable, au point qu'après avoir débarrassé la trompe des caillots qui l'entouraient je n'ai pas cru devoir en faire l'extirpation.

Dans les observations que j'ai communiquées à la Société anatomique et à la Société de chirurgie, la présence d'un kyste dans l'aileron de la trompe pouvait être considérée comme un obstacle à la migration de l'ovule et une cause de l'ectopie.

Le kyste obstruant le Douglas, il en était résulté que dans ces deux cas les caillots s'étaient accumulés au-dessus de l'utérus, dans l'abdomen, la cavité de Douglas restant absolument libre.

Dans un de ces cas la grossesse était tubo-interstitielle, et il avait fallu pratiquer au cours de l'opération une véritable résection de la corne utérine. Cette dernière malade put être présentée à la Société de chirurgie vingt jours après l'intervention, pratiquée pourtant la femme presque mourante.

La laparotomie dans les hématocèles n'avait rencontré, lors de la grande discussion de 1894 à la Société de chirurgie, que quelques partisans, dont M. le professeur Terrier.

Mais sur ce point les indications de la voie vaginale sont comprises d'une façon chaque jour plus restreinte, et la laparotomie tend de plus en plus à devenir le traitement habituel des hématocèles pelviennes.

4. Fibromes utérins et grossesse tubaire. Rupture de la trompe gravide et inondation péritonéale. Intervention. Guérison. — *Bulletins de la Soc. anat.*, 16 novembre 1900.

Ce cas tire son intérêt de la coexistence des tumeurs fibreuses et de la grossesse extra-utérine. On est conduit tout d'abord à se demander s'il s'agit d'une simple coïncidence. Il est impossible de ne pas rapprocher ces deux choses, fibrome implanté sur la corne utérine gauche, grossesse ectopique du même côté. Un fibrome, gros comme une mandarine, était pendant en arrière de la matrice et du ligament large, descendant vers le fond du bassin ; il produisait une sorte de coudure de la trompe, et devait obstruer en partie son calibre. Sa présence doit être invoquée comme circonstance étiologique.

Les fibromes ne paraissent avoir subi aucune modification du fait de la grossesse, et cela se conçoit, car ils étaient sous-péritonéaux.

La présence de ces tumeurs créait une réelle difficulté au diagnostic. Mais les signes d'hémorrhagie interne étaient fort nets, et d'autre part la tumeur perçue à la palpation paraissait complètement innocente des accidents présentés par la malade. Il y avait donc lieu d'admettre la coexistence d'une tumeur ancienne et d'une lésion récente surajoutée.

Enfin l'intervention a été, du fait de ces myomes, plus compliquée qu'elle ne l'est ordinairement.

Laisser ces myomes, c'était rendre impossible le nettoyage du petit bassin et des fosses iliaques, laisser là le fœtus et une énorme quantité de caillots sanguins. Leur extirpation a permis de faire une opération infiniment meilleure et pas beaucoup plus longue. S'il avait fallu des manœuvres laborieuses pour ôter les fibromes, il eût été certainement préférable de renoncer à en faire l'ablation immédiate. Mais ici les tumeurs étaient pour ainsi dire pédiculées, et cette ablation se présentait dans des conditions de simplicité extrême.

5. **Fibromes utérins et grossesse. Hystérectomie abdominale. Guérison.** — *Bulletins de la Soc. anat.*, 16 nov. 1900.

L'utérus fibromateux peut malheureusement devenir gravide. Il n'est pas rare que la grossesse, en dépit de ces conditions défavorables, aboutisse à son terme régulier, après une évolution normale ; il faut admettre même qu'il en est fréquemment ainsi. Mais il n'est pas moins vrai que c'est là une très fâcheuse association, dont les périlleuses conséquences ont de tout temps préoccupé les chirurgiens et plus encore les accoucheurs.

Cette question autrefois très obscure, excellente matière à disserter théoriquement, fort ennuyeuse à envisager dans la pratique, s'est grandement simplifiée depuis quelques années. Cependant, malgré tout ce qui a été dit sur ce sujet, la conduite à tenir reste très délicate et imparfaitement tracée. D'une manière générale il convient d'attendre, de n'intervenir que si l'on prévoit quelque complication prochaine, ou pour l'avenir une dystocie assurée. Mais il ne s'agit plus de l'expectation résignée de nos prédécesseurs.

Les progrès réalisés dans la technique des interventions sur l'utérus ont tout changé. Quand le danger est évident, qu'il soit prochain ou éloigné, on n'est plus autorisé à aucun moyen dilatoire. Sans perdre de temps il faut faire le nécessaire, attendu que nous pouvons aujourd'hui le faire avec une sécurité très grande.

C'est évidemment la solution idéale que celle qui consiste à extirper la ou les tumeurs sans ouvrir la cavité utérine, en laissant le fœtus avec l'espoir de voir la grossesse continuer son évolution. Toutefois, il faut grandement réfléchir avant d'entreprendre la myomectomie sur l'utérus gravide.

Si l'opération conservatrice doit être laborieuse, pénible, sanglante, elle manque son but : elle est dangereuse pour la mère, et fatale au fœtus. Il vaut mieux alors recourir à ce pis-aller qui est la suppression de l'utérus gravide. Il serait mauvais d'en prendre la décision formelle, avant d'avoir fait la laparotomie, et vérifié *de visu* l'état des parties.

6. **Inversion de l'utérus par une tumeur sarcomateuse occupant le fond de la cavité utérine.** — *Bulletins de la Société anatomique*, 9 mars 1900.

Une tumeur du volume d'une orange faisait saillie entre les cuisses, hors de la vulve, entre les lèvres intactes et simplement écartées. Sa surface était grisâtre, humide, suintante, couverte de détritus sphacéliques et saignait au moindre contact. Le doigt introduit dans le vagin avec une certaine difficulté, on sentait un pédicule, sorte de colonne cylindrique occupant l'axe du vagin et supportant la tumeur extériorisée, comme la tige d'un champignon supporte la partie étalée.

Je fis la section du pédicule, aussi haut que je crus pouvoir me le permettre sans danger pour la vessie. Au centre de la tige était un canal séreux. C'était le péritoine invaginé. La partie enlevée représentait le fond et le corps de l'utérus, la tumeur étant implantée sur la surface muqueuse.

Le pédicule que l'on sentait en examinant la malade n'était pas le véritable pédicule de la tumeur, qui est presque sessile par rapport à la paroi utérine : c'était l'utérus lui-même très allongé. La pièce comprend le corps utérin tout entier, avec d'un côté sa face muqueuse tournée à l'envers, de l'autre sa surface séreuse retournée. Cette tumeur est un sarcome fuso-cellulaire.

Il semble qu'elle ait débuté primitivement sur un utérus qui n'était point fibromateux, car le tissu utérin paraît normal dans la plus grande partie de son étendue, et en aucun point on ne voit de fibrome même minuscule. Au niveau du point d'implantation, la paroi utérine n'est même pas envahie dans toute son épaisseur, et les lésions sont au maximum du côté de la muqueuse, d'ailleurs détruite dans presque toute l'étendue de la tumeur.

Il était intéressant de signaler ce rare accident d'une tumeur elle-même peu commune, auquel j'ai dû remédier par une opération d'urgence et insolite.

7. **Torsion du pédicule dans deux cas de kyste de l'ovaire.** — *Bulletins de la Société anatomique*, 26 octobre 1900.

Dans le premier la torsion du kyste a entraîné une occlusion intestinale, par enclavement de la tumeur dans le bassin et compression du côlon entre elle et la paroi pelvienne. En dépit d'une laparotomie trop tardive, la mort a été la conséquence de cette complication.

L'autre cas a été plus heureux. L'ovariotomie, pratiquée dans de bonnes conditions, a eu ses suites habituelles et la malade a été parfaitement rétablie en trois semaines.

Le seul point sur lequel je voudrais insister, à propos de cette malade dont l'histoire est classique, c'est la présence au milieu de la spire du pédicule d'une tumeur grosse comme une noix formée par une grosse veine thrombosée. Cette veine décrit plusieurs anses juxtaposées et pelotonnées, remplies d'un caillot déjà ancien, mais encore rougeâtre.

8. **Volumineux fibrome suppuré de l'utérus chez une femme de 67 ans. Hystérectomie abdominale. Guérison.** — *Bulletins de la Société anatomique*, 19 octobre 1900.

Les fibromes sont communs, la matrice souvent infectée, et pourtant la suppuration des fibromes très rare. De fait, en dehors de la puerpéralité, il est absolument exceptionnel de voir un fibrome interstitiel s'infecter et suppurer.

La conduite à tenir peut être embarrassante.

Cependant les progrès considérables accomplis dans la technique de l'hystérectomie abdominale me paraissent avoir grandement simplifié la question.

L'ablation de l'utérus infecté par la voie haute m'a donné un succès presque inespéré, dans un cas des plus défavorables.

L'opération par l'abdomen nous a permis de nous mettre complètement à l'abri du pus, de n'y pas toucher, de ne pas le voir pour ainsi dire ; contenant et contenu ont été enlevés du même coup. Il n'y a pas eu de contact septique, pas de manœuvre permettant de semer du pus dans le péritoine pelvien. Tout s'est passé en tissu sain.

En outre, l'intervention a pu être très rapidement menée, et cette célérité, bien difficile par la voie vaginale, a augmenté les chances de guérison. L'hystérectomie par le ventre paraît présenter d'incontestables avantages dans les cas de ce genre — fibromes interstitiels, abdominaux, sans rien dans le vagin.

9. **Streptococcie d'origine puerpérale. Abcès latéro-pelvien. Psoïtis consécutif.** — *Bulletins de la Société anatomique*, juin 1900.

On sait combien sont rares les autopsies qui permettent d'étudier utilement la pathogénie des psoïtis d'origine puerpérale. Les cas sont trop complexes, la maladie trop ancienne, ou les lésions trop étendues pour qu'on puisse élucider facilement ces questions obscures. Le cas que voici est susceptible d'apporter à cet égard quelques éclaircissements. Il est encore intéressant à d'autres points de vue, et particulièrement à celui des suppurations pelviennes, car les principaux accidents reconnaissaient pour cause la présence sur les parois du bassin de deux abcès d'une variété très exceptionnelle.

Or, comment expliquer la présence en ces points symétriques de la cavité pelvienne de deux collections indépendantes des os, des muscles, des viscères environnants ? Cela est facile si l'on se souvient qu'il existe en ces points des ganglions lymphatiques du groupe iliaque interne. Ces abcès résulteraient donc d'adéno-phlegmons iliaques internes. Comme ces ganglions reçoivent les principaux lymphatiques de l'utérus, ceux qui accompagnent l'artère utérine, l'infection de ces ganglions s'explique très aisément.

Je pense donc qu'il s'agissait d'adéno-phlegmons iliaques internes, avec propagation secondaire de l'inflammation au muscle psoas.

On admet un grand nombre de psoïtis consécutifs à des affections de voisinage, phlegmons périnéphritiques, appendicite, phlegmon du ligament large. Mais qu'on le remarque bien, dans le cas particulier, au point de vue clinique, on ne pouvait considérer la maladie comme secondaire. Il y avait les signes classiques du psoïtis, et rien de plus, si bien que sans l'autopsie, on n'aurait conservé aucun doute sur l'existence d'un psoïtis primitif, que si les lésions avaient été plus étendues, le corps charnu du muscle plus complètement détruit; on n'aurait non plus élevé aucun soupçon sur le siège primitif de la suppuration dans l'épaisseur du psoas.

Il est permis de supposer que la pathogénie si nettement mise en évidence par la dissection de cette pièce s'applique à un grand nombre de cas analogues. On a émis plusieurs hypothèses au sujet de la fréquence du psoïtis chez les accouchées ; quelques-unes sont sans grand fondement.

En général on admet qu'il s'agit d'une détermination locale de l'infection générale, favorisée d'une part par la texture plus fine de ce muscle, de l'autre par les tiraillements plus ou moins réels dus aux efforts de la parturition.

Je ne voudrais point trancher ce point de doctrine, mais il est probable que cette explication n'est point générale, et que pour certains cas tout au moins la cause de la maladie est purement locale et répond au mode pathogénique mis ici en évidence.

10. **Épingle à cheveux dans la matrice.** — *Bulletins de la Société anatomique*, décembre 1893, et Th. de Caraès, Paris, 1894.

11. **Corps étranger de l'utérus (éponge).** — *Bulletins de la Société anatomique*, 14 janvier 1901.

12. **Corps étranger du vagin chez une petite fille de trois ans.** — *Bulletins de la Société anatomique*, 1899.

13. **Utérus double et vagin cloisonné.** — *Bulletins de la Société anatomique*, juillet 1898.

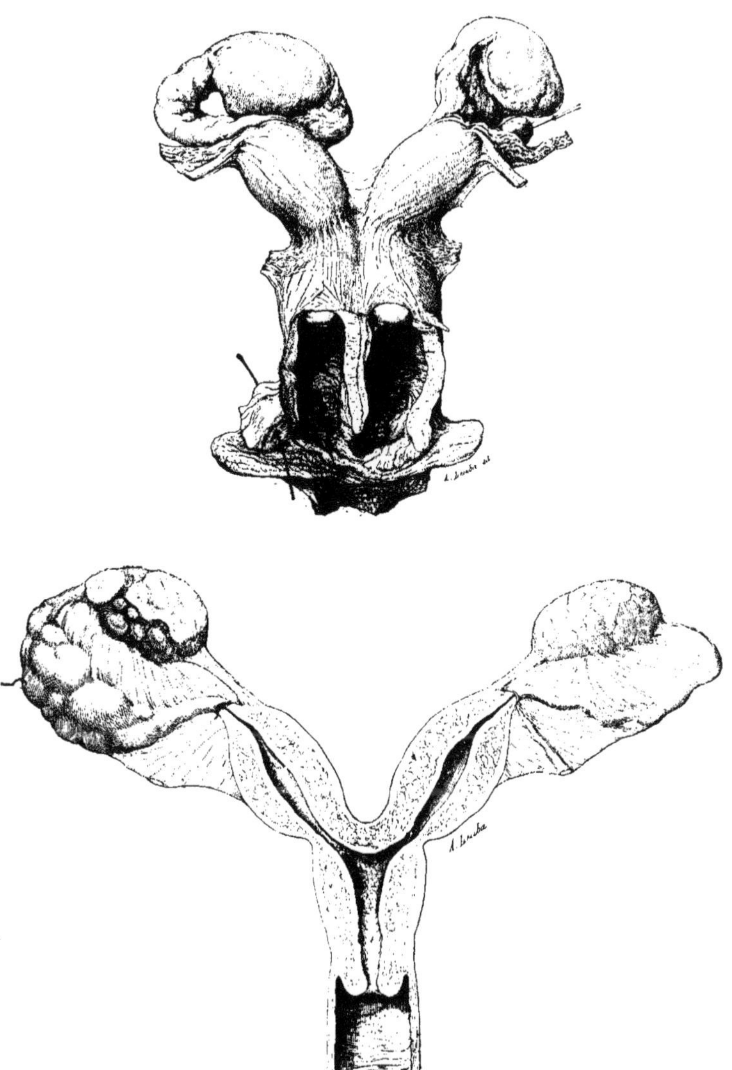

14. **Ligatures dites atrophiantes pratiquées pour cancer inopérable de l'utérus.** — *Bulletins de la Société anatomique*, octobre 1899.

15. **Cancer du col développé sur un utérus fibromateux, au contact d'un pessaire oublié dans le vagin, chez une femme ayant déjà subi l'ovariotomie.** — *Bulletins de la Société anatomique*, 9 mars 1900.

16. **Hystérectomie vaginale pour prolapsus.** — *Bulletins de la Société anatomique*, février 1894.

17. **Épithélioma de la vulve, point de départ d'accidents phlegmoneux graves.** — *Bulletins de la Société anatomique*, avril 1899.

Un phlegmon à marche rapide et grave a eu pour point de départ un minuscule épithélioma dont l'existence n'a pu être affirmée d'une façon absolument précise qu'après guérison des accidents inflammatoires.

18. **Cancer de la vulve.** — *Bulletins de la Société anatomique*, 28 décembre 1900.

19. **Deux cas de molluscum de la grande lèvre.**— *Bulletins de la Société anatomique*, juillet 1898.

20. A. **Sarcome de la paroi recto-vaginale.** — *Bulletins de la Société anatomique*, juin 1898.

B. **Sarcome du vagin.** — *Bulletins de la Société anatomique*, 21 décembre 1900.

Les résultats du traitement ont été presque nuls. Il est certain que les interventions, acceptées avec courage, et faites sans parcimonie, n'ont procuré à cette malheureuse qu'un bénéfice bien médiocre, sinon complètement illusoire.

Il est à remarquer cependant que la propagation s'est faite surtout de proche en proche dans l'épaisseur du vagin, respectant pendant longtemps le rectum et laissant la muqueuse non ulcérée encore au moment où la malade a succombé. L'intégrité des ganglions pelviens prouve encore qu'il n'est pas chimérique d'espérer quelque chose de la chirurgie, surtout à cet âge, car alors la marche est sensiblement moins rapide que chez les jeunes sujets.

La plupart des cas publiés, d'ailleurs très rares, concernent des sujets jeunes, généralement même des enfants, de toutes petites filles. Chez notre femme, le début de la maladie a donc été exceptionnellement tardif, 59 ans.

Au point de vue anatomo-pathologique il faut remarquer, entre autres détails : la pigmentation du tissu néoplasique. M. Cornil a fait remarquer que ce phénomène se produit assez facilement dans les tumeurs de cet ordre développées dans l'appareil génital féminin. L'abondance des vaisseaux, les capillaires de nouvelle formation expliquent l'abondance des petits foyers d'hémorrhagie interstitielle.

Pourtant, malgré l'abondance de cette vascularisation, ce cas a été remarquable au point de vue clinique par le petit nombre, la faible abondance et la courte durée des hémorrhagies. L'écoulement qui se faisait, d'une manière continue, à la surface ulcérée du néoplasme, était un liquide séro-gommeux qui, imbibant le linge, le laissait comme *empesé*.

Les troubles du côté de la vessie ont été peu accentués ; mais, par contre, la gêne de la défécation était extrême dans les derniers temps, le rectum refoulé dans la concavité sacrée, et solidement comprimé, n'étant plus susceptible d'ampliation.

21. **Hystérectomie sacrée.** — In *Th. opér.* par voie sacrée, 1894.

18° — Rectum.

1. Des opérations qui se pratiquent par la voie sacrée. — Paris, 1894.

La conception opératoire de Kraske était assez séduisante pour être facilement acceptée et mise à l'épreuve par tous les chirurgiens. La voie sacrée fut bientôt appliquée aux affections non cancéreuses du rectum, à l'extirpation de l'utérus et des annexes, et même au traitement d'autres affections, telles que fistules recto-vaginales, foyers d'appendicite pelvienne. Au moment où j'ai écrit mon mémoire, l'enthousiasme était encore général, ou du moins tous ceux qui avaient écrit récemment sur ce sujet semblaient accorder une pleine confiance à la méthode.

J'ai entrepris l'étude de la question et l'ai comprise d'une façon un peu minutieuse peut-être, mais très complète. L'historique, l'examen critique des divers procédés, la discussion des indications, ont fait l'objet de longues recherches. Un grand nombre d'expériences ont été pratiquées sur les animaux. D'autre part, et c'était bien là le plus important, d'anciens opérés ont été recherchés, retrouvés, examinés soigneusement au point de vue des suites éloignées. Or, utilisant ces documents divers, j'ai pu établir que les résultats fournis par ces opérations étaient bien loin de répondre aux espérances que l'on avait cru pouvoir fonder sur la méthode, que la mortalité immédiate était considérable, les suites éloignées souvent médiocres, parfois désastreuses, et que les succès étaient bien rares, trop rares pour balancer de si nombreux revers.

Voici quelques-unes de mes conclusions :

Les suites de l'opération de Kraske sont jusqu'à présent décourageantes, la mortalité immédiate, énorme. Les accidents graves post-opératoires s'observent fréquemment. Les cas qui guérissent par première intention constituent une exception très rare. Les complications plus ou moins éloignées sont presque la règle et la récidive se produit généralement au bout de peu de temps.

On ne rencontre presque jamais un ancien opéré chez lequel l'appareil sphinctérien fonctionne normalement.

Cherchant les causes de si fréquentes catastrophes ou de résultats opératoires imparfaits, j'ai montré le rôle de l'infection et insisté 1° sur l'importance du traitement préalable et de l'antisepsie intestinale ; 2° sur la nécessité de ne point réunir complètement, mais au contraire de drainer très largement la plaie extérieure ; 3° sur la manière d'assurer la réunion des bouts intestinaux, réunion pour laquelle j'ai été amené à conseiller un mode spécial de suture.

J'ai signalé en outre les inconvénients de tous les procédés qui sacrifiaient avec une trop grande étendue de sacrum, les nerfs allant au releveur de l'anus et au sphincter, les modifications qui en résultaient au point de vue de la continence des matières et des suites éloignées. C'étaient là des vues que personne n'avait encore émises.

La conclusion était à cet égard que pour ne léser aucun nerf important, aucune artère sérieuse, ne détruire aucune fibre des ligaments sacro-sciatiques, ne pas toucher au releveur, il n'y avait qu'un moyen : fendre la paroi pelvienne postérieure sur la ligne médiane traversant successivement la peau et le squelette et s'arranger de manière à ne pas remonter au-dessus du 3e trou sacré.

Il était très important dès lors de préciser à nouveau les indications. A cette époque, on avait proposé d'agir par cette voie pour une foule d'affections. Prenant successivement ces différents cas, et les soumettant à une longue critique, j'ai dû repousser l'emploi de la voie sacrée dans la plupart ou ne l'admettre qu'à titre absolument exceptionnel, en particulier dans le traitement des rétrécissements non cancéreux du rectum. Actuellement cette proposition ne supporte point la discussion. Il n'en était pas de même en 1893. De même pour les cancers du rectum, j'ai dû limiter à ceux qui étaient petits et mobiles, les indications de l'opération de Kraske. Je ne peux pas m'empêcher de croire que ce travail n'ait contribué à diminuer beaucoup la faveur dont jouissait alors la voie sacrée. Peut-être cette réaction a-t-elle dépassé la mesure, et dans la mesure restreinte où je l'admettais, la méthode me paraît encore utile et moins grave que d'autres procédés récemment préconisés. Les conclusions suivantes sont encore valables.

La suppression du coccyx et d'une petite portion du sacrum permet de pénétrer très largement dans le bassin et en particulier d'atteindre des parties très élevées du rectum.

Pour les cancers situés à une petite distance au-dessus de l'anus, il faut renoncer à la voie sacrée. Leur extirpation peut être pratiquée par les voies naturelles ou par la voie périnéale.

Les indications de l'opération de Kraske pour cancer, doivent être extrêmement limitées à cause des très mauvais résultats qu'elle donne toutes les fois que le cas n'est pas simple et facile

Il ne faut s'adresser à la voie sacrée que pour des cancers haut situés, commençant à 8 ou 9 centim. de l'anus et petits et mobiles.

Il ne convient point, dans la majorité des cas, d'établir un anus artificiel préliminaire.

Il faut, plusieurs jours avant l'opération, s'occuper de l'antisepsie du tube digestif et du rectum en particulier et apporter des soins scrupuleux dans ce traitement préliminaire.

Il est indispensable, pour éviter des suites opératoires fâcheuses, de réduire au minimum les délabrements pelviens, ne compromettre en aucune façon les muscles releveurs de l'anus, les nerfs de la quatrième et de la troisième paire sacrée. On arrive à ce résultat par la section médiane postérieure du squelette et des parties molles.

Il faut adopter aussi un mode de suture qui mette plus sûrement que les anciens procédés à l'abri des infiltrations stercorales. La conservation de deux manchettes musculeuse et muqueuse, l'une sur le bout supérieur, l'autre sur le bout inférieur, plaçant à des niveaux différents les deux plans de suture, paraît donner des résultats satisfaisants à ce point de vue, au moins chez les animaux en expérience.

Accessoirement, j'ai dû envisager diverses questions telles que celles de l'anus artificiel préliminaire et celles des sphincters artificiels. Pour l'anus dérivatif que préconisaient alors MM. Polosson, Krönig, Schede, Heinecke, Demons, Chaput, j'ai, après longue discussion, lecture attentive des observations, et expériences, pensé qu'on pouvait et qu'il valait même mieux s'en passer dans la plupart des cas, mais que si on adoptait cette pratique très défendable, il était meilleur de créer l'anus plusieurs jours avant l'intervention sacrée. Cette conduite semblait devoir être adoptée, surtout dans les cas exceptionnels où l'on croirait devoir opérer pour un rétrécissement non cancéreux.

Willems et Gersuny avaient proposé, pour remédier à l'incontinence fécale, de créer des sphincters artificiels. Les conséquences de cet acte complémentaire des ablations du rectum eussent été considérables si le succès avait répondu à ces tentatives. J'ai donc repris cette question expérimentalement et si ce travail de critique m'a conduit à louer l'ingéniosité de ces auteurs, j'ai dû considérer les restaurations fonctionnelles qu'ils annonçaient comme encore hypothétiques et improbables. Cependant il y aurait à faire dans ce sens de nouvelles recherches et de meilleures tentatives.

2. **Cancer de l'ampoule rectale. Opération de Kraske. Mort six mois après par généralisation sans récidive locale.** — *Bulletins de la Société anatomique*, avril 1898. (Mauclaire et Morestin.)

19° — Membres.

1. Adénite para-inguinale. — *Bulletins de la Société anatomique*, juillet 1899.

Autour des régions ganglionnaires de l'aine, de l'aisselle, on peut rencontrer et le fait n'est pas absolument rare, des ganglions aberrants. A ces *ganglions ectopiques* répondent des adénites de siège anormal.

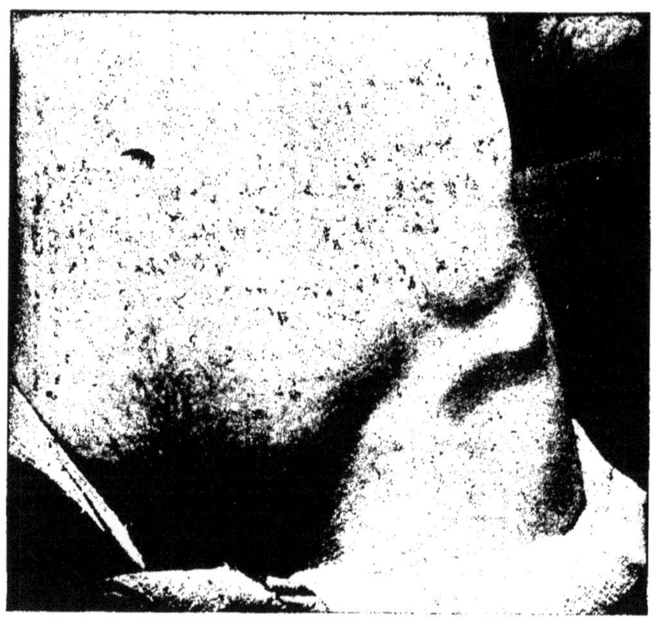

J'ai publié par exemple un cas où l'adénopathie siégeait sur le bord antérieur du tenseur du fascia lata.

2. **Adénite du sillon delto-pectoral.** — *Bulletins de la Société anatomique*, mai 1899.

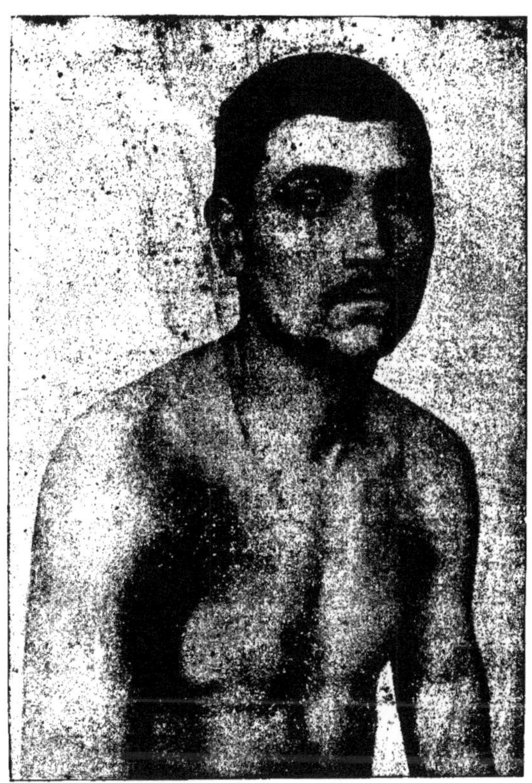

3. **Adénite tuberculeuse du sillon pectoro-deltoïdien.** — *Bulletins de la Société anatomique*, 5 janvier 1900.

Chez quelques sujets on trouve un ganglion accolé à la veine céphalique dans l'interstice pectoro-deltoïdien, et il fait prévoir la possibilité des adénites du sillon delto-pectoral.

J'ai fourni des exemples très démonstratifs d'adénites aiguës et chroniques.

4. **Adénites brachiales.** — *Bulletins de la Société anatomique*, juin 1900.

Chez quelques sujets on trouve à la face interne du bras un, deux, ou même trois ganglions lymphatiques. Ces ganglions sont en général fort petits, et ils manquent chez la plupart des individus. C'est ce qui explique que beaucoup d'auteurs, Sappey par exemple, ne les mentionnent point. Ils sont pourtant connus depuis fort longtemps et il suffit, pour s'en convaincre, de jeter les yeux sur les planches de Mascagni et de Bourgery.

Le plus souvent, en effet, ces ganglions ne siègent point exactement à la partie moyenne. Tantôt ils sont au-dessus, non loin de l'aisselle; tantôt au-dessous, non loin de la zone des ganglions épitrochléens. Dans le premier cas ils rentrent dans la catégorie des ganglions aberrants péri-axillaires : il s'agit d'un ganglion du groupe axillaire un peu bas; dans le second, de ganglions épitrochléens situés un peu haut.

La connaissance de ce détail anatomique serait sans grande importance si, de temps à autre, on ne rencontrait des *adénites brachiales*. Sans être fréquentes, elles ne sont pas absolument rares. J'ai eu l'occasion d'en observer plusieurs. Parmi ces faits, il en est qui datent déjà de quelques années et sur lesquels je n'ai pas conservé de notes. Je les laisse de côté et rapporte seulement trois cas plus récents qui sont des exemples non douteux d'adénites brachiales.

5. **Adénite tuberculeuse extra-axillaire.** — *Bulletins de la Société anatomique*, 5 octobre 1900.

On peut répartir les adénites péri-axillaires en plusieurs variétés, suivant qu'elless ont brachiales, interpectoro-deltoïdiennes ou sous-claviculaires, rétro-axillaires, c'est-à-dire sur le bord du grand dorsal ou du grand rond (comme j'en ai vu un exemple), ou bien encore situées entre la mamelle et l'aisselle.

6. **Résultat défectueux d'opération de Gritti.** — *Bulletins de la Société anatomique*, décembre 1897.

7. **Dissection de deux pieds bots.** — *Bulletins de la Société anatomique*, 1895.

8. A. **Sarcome de l'aine.**— *Bulletins de la Société anatomique*, avril 1899.

B. **Sarcome de l'aine.**— *Bulletin de la Société anatomique*, 16 nov. 1900.

9. **Sarcome de l'extrémité inférieure du fémur. Tentative de chirurgie conservatrice, rendue inutile par la trop grande étendue des lésions. Désarticulation de la hanche.** In Thèse P. 1899.

10. **Sarcome poplité.**— *Bulletins de la Société anatomique*, 23 mars 1900.

J'ai dû pratiquer l'amputation sous-trochantérienne de la cuisse à un homme dé 60 ans, pour un gros sarcome ayant pris naissance dans le creux poplité.

Devenu superficiel et s'étant même ulcéré, il avait respecté pourtant la plupart des organes de la région. Son siège exclusivement dans le tissu cellulaire et surtout son évolution, qui a été très lente, en font un cas assez intéressant et assez rare.

Il s'agit d'un sarcome à cellules fusiformes, mais il entre dans la tumeur une certaine proportion de tissu fibreux. Ce n'est donc point la pire espèce histologique, et cela explique jusqu'à un certain point les allures longtemps bénignes du néoplasme.

11. **Épithélioma de la jambe développé sur la cicatrice d'un ancien ulcère consécutif à une brûlure.** — *Bulletins de la Société anatomique*, novembre 1899.

12. **Sarcome du pied développé aux dépens des parties molles de la région dorsale**. — *Bulletins de la Société anatomique*, 16 février 1900.

13. **Sarcome mélanique du gros orteil.**— *Bulletins de la Société anatomique*, 20 avril 1900.

Parmi les tumeurs des doigts ou des orteils, les sarcomes sont en majorité ; ils sont assez fréquemment mélaniques, et le gros orteil en est le siège le plus commun.

14. **Épithélioma de la main.** — *Bulletins de la Société anatomique*, mai 1899.

15. **Sarcome du pouce**. — *Bulletins de la Société anatomique*, juin 1899,

16. **Gangrène causée par l'acide phénique.**— *Bulletins de la Société anatomique*, juillet 1894.

17. **Gangrène phéniquée**. — *Bulletins de la Société anatomique*, janvier 1897.

18. **Hygroma hématique prérotulien. Hématocèle prérotulienne.** — *Bulletins de la Société anatomique*, février 1897.

19. **Hygroma tuberculeux prérotulien.** — Th. de Boutin (P. 1899-1900).

20. **Rétraction de l'aponévrose palmaire.** — *Bulletins de la Société anatomique*, janvier 1896.

21. A. **Chondrome de l'humérus. Résection de plus des trois quarts supérieurs de cet os.** — *Bulletins de la Société anatomique*, octobre 1899.

B. **Amputation interscapulo-thoracique, pour chondrome récidivé de l'humérus.** — *Bulletins de la Société anatomique*, 27 janvier 1900. Présentation à la *Société de chirurgie*, 24 janvier 1900.

Au mois d'octobre 1899, j'ai présenté à la Société anatomique une tumeur pour laquelle j'avais pratiqué une résection très étendue de l'humérus.

Il s'agissait d'un chondrome. J'avais dû réséquer les trois quarts de l'humérus, n'en laissant guère que l'extrémité inférieure. Ma malade, bien remise de cette opération, avait conservé pendant quelque temps un membre utile. Opérée le 21 juillet 1899 et guérie en peu de jours, elle pouvait se servir de sa main. Un appareil engainant le bras comme un cylindre formait un tuteur suffisant pour permettre les mouvements de l'avant-bras.

L'état général, très précaire avant l'opération, était devenu excellent.

Notre opérée a vécu ainsi pendant quelques mois. Mais au commencement de décembre le néoplasme avait récidivé en une coulée chondromateuse qui remplissait l'étui périostique, et un noyau se montra dur au niveau du bord interne de la cicatrice.

Je lui fis l'amputation totale du membre supérieur, selon le procédé aujourd'hui universellement adopté de M. Berger. Elle a parfaitement guéri et est encore actuellement (15 avril 1901) dans l'état le plus satisfaisant, sans rien qui puisse faire prévoir une récidive.

Pour ce qui est de l'opération en elle-même, ce cas vient s'ajouter

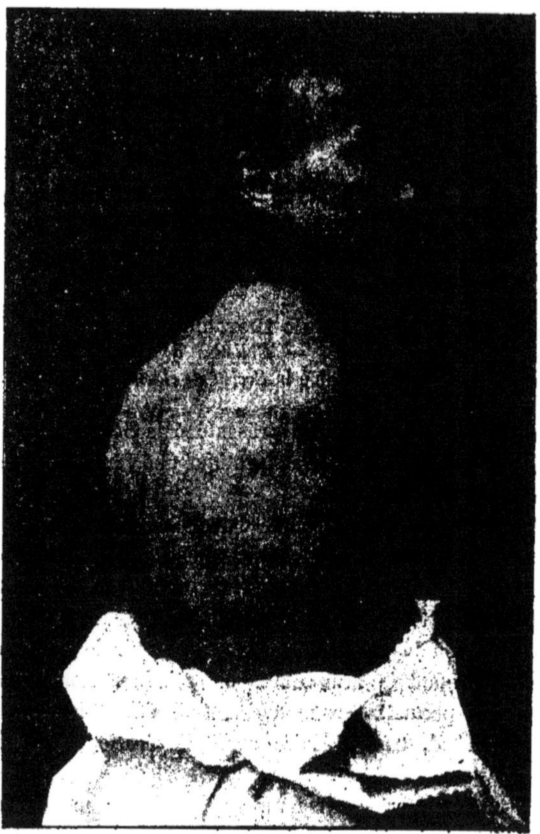

à une série déjà longue de faits analogues pour prouver la bénignité actuelle de l'amputation interscapulo-thoracique.

A un autre point de vue l'observation présente de l'intérêt. On sait que dans des cas analogues plusieurs chirurgiens ont obtenu des succès durables, par des opérations relativement parcimonieuses, des résections humérales. Avant d'entreprendre une aussi grande

mutilation que l'extirpation totale du membre supérieur, on est autorisé dans certains cas à essayer de ces opérations moins graves. Chez cette malade j'y avais été amené d'autant plus volontiers qu'elle se refusait alors d'une manière formelle au sacrifice de son membre supérieur. Aujourd'hui, après avoir, pour diverses tumeurs malignes des os, essayé d'un traitement relativement conservateur, je reviens de plus en plus aux opérations à distance et très larges.

22. **Sarcome du calcanéum.** — *Bulletins de la Société anatomique*, avril 1899.

Les os courts sont rarement le siège de tumeurs malignes. Mais parmi les os courts, le calcanéum est de beaucoup celui qui est le plus souvent frappé, prédisposition qui tient sans doute à son volume et à sa structure. Cependant les cas publiés, dont je donne les indications dans mon mémoire, n'en sont pas très nombreux.

L'affection débute habituellement au centre du calcanéum, dans le point où le tissu spongieux, largement creusé d'aréoles, est le plus riche en moelle. Ces sarcomes centraux ont une période latente, pendant laquelle ils ne déterminent que d'obscures douleurs, puis ils effondrent la coque compacte et font saillie au dehors. Pendant cette période de début on peut hésiter dans le diagnostic et songer à des lésions d'ostéite fongueuse. Ces difficultés se présentaient par exemple dans le cas très connu de M. Duplay (Duret, *Soc. anat.*, 1874; Duplay, *Soc. chir.*, 1876) ou celui de Fahlenbock.

Le cas que j'ai observé diffère de ces sarcomes centraux. Il a pris naissance à la partie postérieure et superficielle de l'os, au niveau du perioste de la mince épiphyse qui couvre comme d'une croûte la région talonnière du calcanéum. La tumeur a fait relief tout de suite sous les téguments distendus et a rendu bientôt impossible le port d'une chaussure. On est généralement conduit à traiter cette lésion par l'amputation de jambe ou tout au moins par la suppression du tarse postérieur à la manière de Wladimiroff-Mickulicz. Ici, l'os n'étant envahi que dans une faible épaisseur, on a pu essayer la résection partielle du calcanéum.

23. **Traitement opératoire du pied plat.** — *Congrès de chirurgie*, 1899.

24. **Pied plat invétéré traité par l'astragalectomie.** — *Bulletins de la Société anatomique*, mars 1901.

Les cas graves, invétérés, rebelles à tous les moyens de douceur, sont seuls justiciables d'un traitement opératoire.

Les indications en sont donc tout à fait exceptionnelles. On a proposé un grand nombre de méthodes dont je fais dans un tra-

Côté gauche, vu d'avant.

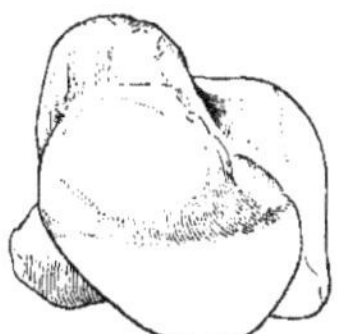

Côté droit, vu d'avant.

vail l'énumération critique. L'opération d'Ogston est la seule qui ait fait ses preuves et elle peut rendre service à certains malades. Mais je vise surtout des cas extrêmes, où la difformité est très accentuée, irréductible, ou tout au moins très imparfaitement réductible, même sous l'anesthésie. Pour remédier à de telles atti-

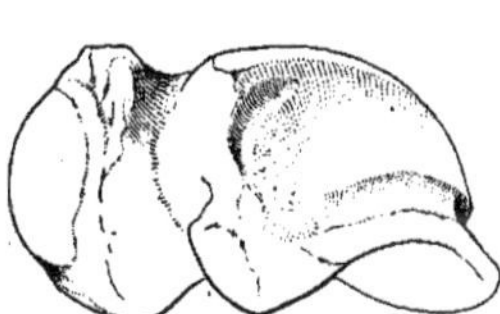

Côté gauche, face externe.

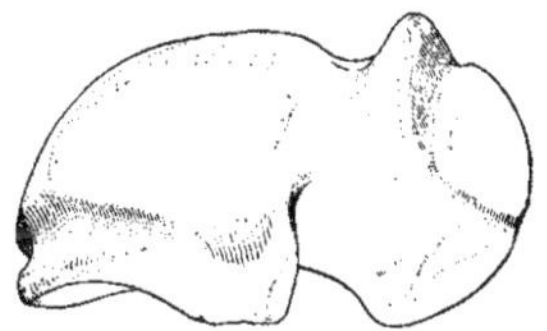

Côté droit, face externe.

tudes vicieuses auxquelles correspondent des déformations des os, des changements considérables dans leurs rapports, ainsi que dans la direction et la longueur des ligaments, et qui font de ces malades des impotents et des infirmes, il faut pouvoir reconstituer l'architecture du pied, créer une voûte plantaire, raccourcir le bord interne, corriger le valgus de l'avant-pied, la rotation externe, ramener dans un plan sagittal l'axe vertical du calcanéum. Pour obtenir cela, il faut et il suffit que l'astragale soit supprimé. L'anatomie pathologique, quelle que soit la théorie pathogénique adoptée, montre que cet os se déforme et que c'est au niveau de ses articulations avec les os voisins que se créent les attitudes vicieuses et anormales. L'examen des malades ayant subi l'astragalectomie montre que le pied devient creux. L'étude d'un certain nombre d'opérés pour pied plat fait voir que dans les conditions visées par nous, les interventions parcimonieuses

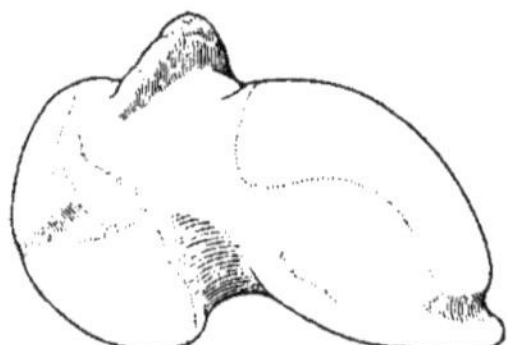

Côté gauche, face interne.

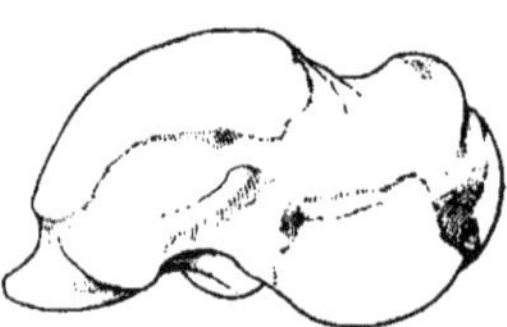

Côté droit, face interne.

demeurent stériles. D'autre part, l'astragalectomie dans ces conditions ne peut qu'être d'une remarquable bénignité. Ces considérations ne sont pas seulement théoriques, et des observations personnelles montrent que l'on peut obtenir de cette manière des résultats parfaits au point de vue esthétique et très satisfaisants au point de vue fonctionnel, à condition de bien choisir les cas, de n'appliquer cette intervention qu'à des pieds incurablement déformés, sur lesquels ne peuvent être utilisés ni moyens de douceur, ni interventions moins mutilantes, à condition aussi de surveiller avec un soin extrême les soins consécutifs.

Les figures ci-contre montrent les déformations de l'astragale dans un cas où j'ai fait avec plein succès l'ablation de cet os des deux côtés.

IMPRIMERIE A.-G. LEMALE, HAVRE

www.ingramcontent.com/pod-product-compliance
Ingram Content Group UK Ltd.
Pitfield, Milton Keynes, MK11 3LW, UK
UKHW020603180726
13838UKWH00001B/390